Beck'sche Reihe
BsR 331

Die Dritte Welt ist nicht nur ökonomisch unterentwickelt, sondern auch ökologisch fehlentwickelt: Großräumige Biotope werden zerstört (z.B. durch Urwaldrodung), begrenzt verfügbare Rohstoffe werden vergeudet, in den Ballungsgebieten droht ein ökologischer Kollaps, die Industrialisierung führt zu großflächiger Verschmutzung und Vergiftung, und die „Verwüstung" fruchtbaren Bodens nimmt zu. Dieses Buch gibt einen Überblick über die besorgniserregende Entwicklung, ihre Ursachen, darunter die Mitverantwortung der Industrienationen, und erörtert die Maßnahmen, die in der Dritten Welt und bei uns dagegen ergriffen werden müßten.

Manfred Wöhlcke, Jahrgang 1942, hat als Kind und später als Sozialwissenschaftler viele Jahre in der Dritten Welt (Lateinamerika) gelebt. Studium der Soziologie mit den Nebenfächern Politologie und Wirtschaftswissenschaften in Kiel, São Paulo (Brasilien) und Erlangen. 1969 Dr. phil. mit einer Dissertation über die Soziogenese der religiösen Erfahrung in den brasilianischen Unterschichten, 1970–1974 wissenschaftlicher Mitarbeiter am Institut für Iberoamerika-Kunde in Hamburg, 1974–1976 Stipendiat der Deutschen Forschungsgemeinschaft, 1979 Habilitation mit einer Studie über die entwicklungspolitische Qualität der sogenannten abhängigen Industrialisierung, 1979–1980 Privatdozent für Soziologie an der Freien Universität Berlin, seit 1978 Lateinamerika-Referent an der Stiftung Wissenschaft und Politik in Ebenhausen. Zahlreiche sozialwissenschaftliche Publikationen über verschiedene Themen Lateinamerikas und der Dritten Welt, z.B. Die Karibik im Konflikt entwicklungspolitischer und hegemonialer Interessen, 1982; Ein Dritter Weg für die Dritte Welt?, 1985; Brasilien – Anatomie eines Riesen, 1985; Brasilien als Produzent und Exporteur von Rüstungsgütern, 1987.

MANFRED WÖHLCKE

Umweltzerstörung in der Dritten Welt

VERLAG C.H.BECK MÜNCHEN

Mit Karten, Übersichten und Tabellen

CIP-Kurztitelaufnahme der Deutschen Bibliothek

Wöhlcke, Manfred:
Umweltzerstörung in der Dritten Welt / Manfred Wöhlcke. – Orig.-Ausg. – München : Beck, 1987.
(Beck'sche Reihe ; 331)
ISBN 3-406-32271-9

NE: GT

Originalausgabe
ISBN 3 406 32271 9

Umschlagentwurf von Uwe Göbel, München
Umschlagbild: Günter Göring, München

Gesamtherstellung: Georg Appl, Wemding
Printed in Germany

Inhalt

Verzeichnis der Tabellen, Karten und Übersichten

Abkürzungsverzeichnis

ADLAF	Arbeitsgemeinschaft Deutsche Lateinamerika-Forschung
DDT	Dichlordiphenyltrichloräthan (Synthetisches organisches Kontaktinsektizid)
ECE	Economic Commission for Europe
FAO	United Nations Food and Agriculture Organization
LDC	Less Developed Countries
OAS	Organisation Amerikanischer Staaten
OECD	Organization for Economic Cooperation and Development
SIPRI	Stockholm International Peace Research Institute
UNDP	United Nations Development Program
UNEP	United Nations Environment Program
WHO	United Nations World Health Organization

Vorwort

Wie es scheint, haben wir uns auf dem Weg in eine bessere Zukunft gründlich verirrt. Seit einigen Jahren tauchen im allgemeinen Sprachgebrauch viele Begriffe auf, die in vorangegangenen Generationen allenfalls beruflichen Spezialisten geläufig waren oder keine besondere bzw. nur eine absurde Bedeutung hatten, z. B. Stickoxide, Kadmium, Becquerel, DDT, PCB, Dioxin, Agent Orange, Waldsterben, Artensterben, Ozonloch, Sauerstoffloch, Treibhauseffekt, Saurer Regen, Endlagerung, Verklappung, Versteppung, Verbauung, Minamata, Bhophal, Seveso, Windscale, Tschernobyl, Muruoa- und Bikini-Atoll, atomarer Winter und viele andere.

Schauen wir uns ein wenig um: In vielen Gewässern kann man nicht mehr schwimmen, geschweige denn daraus trinken. Gurken schmecken wie Tomaten, und Kalbfleisch schmeckt wie Schweinefleisch. Schnitzel verdampfen in der Pfanne zu einem geschrumpften Gebilde, das mehr Ähnlichkeit mit Silikon als mit Fleisch hat, von Östrogenen, Tranquilizern und sonstigen Rückständen gar nicht zu reden. Pilze sollen nur noch gelegentlich und Muscheln mit Vorsicht gegessen werden, ebenso Innereien, und nach Tschernobyl wußte man überhaupt nicht mehr, was man noch essen sollte, nachdem Etikettenschwindel sogar mit Milchpulver für Kinderheime betrieben wurde. Die Fische fast aller größeren deutschen Flüsse sind ungenießbar (um den schönen Schein zu wahren, importieren die traditionsreichen Aalgaststätten an der Elbe die Aale aus Norwegen). Die Nordsee ist nahe am ökologischen Zusammenbruch. Die Wälder sterben. Das Grundwasser ist vielerorts chemisch belastet. Der Regen ist sauer. Die Luft ist voller Schadstoffe. Die Umwelterkrankungen nehmen zu. Die historische Bausubstanz wird angefressen. Die Städte werden immer „funktionaler“, aber ihre Funktion als humaner und ästhetischer Lebensraum geht dabei immer mehr verloren.

Wo man hinsieht, verschwinden Natur und Landschaft. Wir erleben einen Artenschwund ohne Beispiel in der Geschichte. Obwohl die Verarmung unserer Natur erschreckend voranschreitet, wird sie nur von wenigen wahrgenommen. Viele Pflanzen, aber auch Vögel, Eidechsen, Blindschleichen, Kröten, Flußkrebse, Flußmuscheln, Frösche, Hasen und zahlreiche Insekten verschwinden lautlos aus unserem Milieu. Als Beispiel seien lediglich die Schmetterlinge erwähnt: In der „Roten Liste der gefährdeten Tiere und Pflanzen in der Bundesrepublik Deutschland" (1984) sind von den heimischen Großschmetterlingen 28 Arten (2%) als ausgestorben und 507 Arten (39%) als vom Aussterben bedroht, stark gefährdet und potentiell gefährdet ausgewiesen.

Es entsteht ein immer komplexerer Verbund von „Verkehrs-, Nutz-, Erholungs- und Entsorgungsräumen", d.h. eine Mischung aus Rennstrecke, Betonwüste, Sportplatz und Müllkippe, und zwar ohne viel Rücksicht auf die soziale, ökologische und ästhetische Gesamtqualität dieses Arrangements, das sozusagen die physische Infrastruktur der Gesellschaft darstellt.

Wir haben es in der Tat weit gebracht, und wenn wir so weitermachen, werden wir es auch noch weiter bringen, bis die letzte Stadt einen Flughafen und einen Autobahnanschluß hat, der letzte Berg einen Skilift, der letzte See einen Segelverein, das letzte Dorf ein Motocross-Gelände, bis jeder Fluß begradigt und einbetoniert ist, bis jedes Feld rechte Winkel hat, bis die Autobahn zehnspurig und die Häuser 50-stöckig sind, bis in jedem Salzstock giftige und radioaktive Abfälle lagern, bis alle historischen Gebäude mit Kunststoff beschichtet sind, bis schadstoffresistente Holzplantagen an der Stelle der heutigen Wälder stehen, bis jedes Kalb geklont und jedes Schwein mit Betablockern vollgestopft ist, bis jede Frau einen Pelzmantel und jeder Mann einen Mahagonischreibtisch hat, bis jeder erwachsene Bürger mindestens ein Auto, ein Boot und ein Kleinflugzeug besitzt und in vier Stunden über den Atlantik fliegen kann, bis in jedem Restaurant asiatische Froschschenkel, karibische Schildkröten, afrikanische Hummer, polnische

Wildenten und deutsche Fasane angeboten werden, bis jeder neue Modeplunder in Tierversuchen auf seine Toxizität untersucht wird, bis der letzte Sumpf ausgetrocknet und das letzte Grundstück zugepflastert ist, bis wir mit Lärmschützern und Gasmasken spazieren gehen und uns das Gift aus den Ohren quillt, bis Hasen und Igel nur noch in Kinderbüchern vorkommen, bis der letzte Hering an Land springt und der letzte Schmetterling in den bereits ausgestorbenen Zoo fliegt.

Wenn wir das alles geschafft haben, und hoffentlich auch bald in der Lage sein werden, mit unseren Raketen die Welt hundertmal statt nur einmal zu zerstören, dann bricht endlich das goldene Zeitalter an, für das sich so viele Generationen abgestrampelt haben. Wir gehören zu jenen Glücklichen, welche die Vorboten dieses Zeitalters erleben dürfen.

Wenn wir auf die zunehmend katastrophalen Umweltbedingungen in der Dritten Welt verweisen, so haben wir also allen Grund, uns an die eigene Nase zu fassen. Diese Klarstellung ist nötig, weil die Umweltproblematik hierzulande in aller Munde ist, aber vorzugsweise verdrängt bzw. nach dem Sankt-Florians-Prinzip behandelt wird.

Die ökologische Problematik, die den gesamten Bereich des Umwelt- und Ressourcenschutzes umfaßt, hat in den letzten Jahren zwar eine zunehmende Bedeutung in der politischen Diskussion bekommen, dennoch ist sie noch nirgendwo zu einem zentralen Bestandteil der Gesamtpolitik geworden, vergleichbar etwa mit der Wirtschafts- oder der Sicherheitspolitik. Die Rolle der Ökologie im Rahmen der modernen Gesellschaft wird gelegentlich mit der Aufgabe von Sanitätern in einem Krieg oder mit der Funktion einer schlecht ausgerüsteten Feuerwehr in einer Stadt voller Pyromanen verglichen.

Besonders bedenklich, aber noch wenig beachtet, verläuft der Prozeß der Milieuschädigung in der Dritten Welt. Es ist erstaunlich, daß der ökologische Aspekt im größten Teil der wissenschaftlichen[1] und nichtwissenschaftlichen Literatur über die Dritte Welt kaum eine Rolle spielt, denn die im engeren Sinne ökologische Literatur weist auf nichts Geringeres hin als auf eine sehr ernst zu nehmende Fehlentwicklung, womit neue und wichtige Aspekte für die Einschätzung des politischen, wirtschaftlichen und sozialen Prozesses in den Vordergrund rücken. Die verbreitete Einstellung, daß die ökologische Problematik für den gesellschaftlichen Prozeß letztlich nicht sehr relevant sei, wird durch eine Reihe von höchst beunruhigenden Fakten und Prognosen in Frage gestellt.

Die zum Teil dramatische Verschärfung der ökologischen Problematik in der Dritten Welt wird vielleicht deswegen nicht angemessen wahrgenommen, weil sie zwar durch viele regionale Einzelstudien gut belegt ist, aber selten synoptisch und noch seltener im Hinblick auf ihre möglichen gesellschaftlichen Konsequenzen betrachtet wird. Die akutesten Fälle werden zwar über die Medien einer breiten Öffentlichkeit vermittelt, aber zumeist als lokale Einzelkatastrophen dargestellt und nicht als regionalspezifische Symptome einer globalen Fehlentwicklung interpretiert.

Es ist für ökologische Laien – und hierzu zählen auch die meisten Politiker – nicht ganz einfach, sich auf diesem Gebiet den erforderlichen Sachverstand anzueignen, um zu den richtigen Schlüssen gelangen und angemessene Maßnahmen entwerfen zu können. Diesbezüglich ist auch die ökologische Forschung nur bedingt hilfreich, weil sie vorzugsweise zu kleinräumig, zu monodisziplinär und meistens zu „unpolitisch" angelegt ist.

Es gibt also ausreichend viel Literatur über einzelne Aspekte der ökologischen Problematik in der Dritten Welt, aber nur wenige Publikationen darüber, was diese unterschiedlichen Aspekte in ihrer Summe perspektivisch bedeuten, welche Ursachen ihnen zugrunde liegen und mit welchem Bewußtsein und welchem Instrumentarium den bestehenden Problemen zu begegnen ist. Die vorliegende Arbeit[2] ist weder die erste noch die einzige Publikation, die sich mit dieser Thematik befaßt (vgl. Literaturhinweise). Ihre Besonderheit liegt darin, daß sie einen Versuch darstellt, die ökologische Problematik der Dritten Welt in ihren wichtigsten Aspekten, Ursachen und Perspektiven synoptisch darzustellen und sie aus dem Blickwinkel der Sozialwissenschaften zu interpretieren.

Adressaten dieser Arbeit sind jene politisch informierten und zugleich ökologisch interessierten Leser, denen an einer detailreichen Auffächerung der ökologischen Problematik sowie an ihrer Einordnung im Spannungsfeld zwischen Sachzwängen, Interessen, vernünftigen Einsichten und ethischen Prinzipien gelegen ist.

Die Auseinandersetzung um den angemessenen Stellenwert des Umwelt- und Ressourcenschutzes im Rahmen aller sonstigen Probleme, die in einem komplexen gesellschaftlichen Prozeß eine Rolle spielen, verläuft nicht immer sehr sachlich und konstruktiv, wobei es an pejorativen Unterstellungen in bezug auf die jeweilige Gegenposition nicht mangelt. Um die vorliegende Arbeit gegenüber derartigen Unterstellungen abzusichern, erscheint es zweckmäßig, einige Anmerkungen zur generellen Bewertung des Umwelt- und Ressourcenschutzes vorauszuschicken:

Es wird davon ausgegangen, daß die ökologische Problematik nur dann in den Griff zu bekommen ist, wenn sie mit dem angemessenen Augenmaß für politische Realitäten und ökonomische Zwänge analysiert wird. Dies bedeutet nicht, daß die vorherrschenden Interessen und Fortschrittsmythen generell für berechtigt und vernünftig gehalten werden; sie werden aber sehr wohl als wichtige Triebkräfte der gesellschaftlichen Entwicklung wahrgenommen und in ihrer Bedeutung für die Umweltzerstörung und Ressourcenplünderung eingeschätzt.

Nicht alles, was als sogenannter Sachzwang präsentiert wird, kann unter einer ökologischen Perspektive ohne weiteres akzeptiert werden. Hinter vielen behaupteten Sachzwängen verbergen sich recht durchsichtige Motive, und diese Motive gilt es abzuwägen gegenüber der Notwendigkeit, die materielle Verfügbarkeit und natürliche Regenerationsfähigkeit unseres Lebensraums für uns selber ebenso wie für spätere Generationen zu erhalten. Es ist durchaus „utilitaristisch" gedacht, wenn man den Ast nicht absägt, auf dem man sitzt. Unsere Zivilisation mit ihrem allgegenwärtigen Utilitarismus läßt diesen gerade dort vermissen, wo er besonders nötig wäre. Die ökologische Problematik hat jedoch nicht nur eine utilitaristische, sondern auch eine ethische und ästhetische Qualität, die im allgemeinen viel zu wenig Beachtung findet und nicht mit dem nötigen Nachdruck in die aktuelle Diskussion eingebracht wird.

Ein sinnvolles ökologisches Anliegen kann nicht darin bestehen, die Industriegesellschaft zu demontieren. Die Gefahren für das Fortbestehen der Industriegesellschaft kommen nicht von der ökologischen Bewegung, sondern von der unübersehbaren destruktiven Dynamik der weltweit vorherrschenden „Zivilisation", die von vielen selbsternannten Realisten und Experten durch immer neue Sachzwänge in Richtung auf unterschiedliche Katastrophen gesteuert wird (obwohl die Lösungen, um diese Katastrophen zu vermeiden, „eigentlich" – d.h. auf der Basis individueller Vernunft – relativ simpel sind). Die sinnvolle Frage lautet nicht: Soll die Industriegesellschaft abgeschafft werden?, sondern: Unter welchen Bedingungen kann diese Gesellschaft global und langfristig überleben, und wie läßt sie sich vernünftiger, humaner und ethisch vertretbarer gestalten? Diese Frage bezieht sich selbstverständlich nicht alleine – aber doch sehr zentral – auf die ökologische Problematik.

Es geht darum, dem sogenannten Fortschritt eine wünschenswerte Richtung zu geben, statt ihn pauschal abzulehnen oder ihn und die ihn alimentierende Nachfrage fatalistisch hinzunehmen. Der Zustand der Umwelt sowie des Ressourcenpotentials – beides in langfristiger Hinsicht – sind wichtige Dimensionen der kollektiven Lebensqualität. Im Zuge der technologischen Entwicklung und der Zunahme der Weltbevölkerung vollzieht sich in der Dritten Welt ein Prozeß der Umweltzerstörung und Ressourcenplünderung, der nicht nur die Lebensqualität, sondern in zunehmendem Maße das Leben selber bedroht.

Die vorliegende Arbeit hat einen pessimistischen Tenor. Dieser Pessimismus entspringt nicht einem grundlegenden Hang zur Schwarzmalerei, sondern einer nicht ganz unbegründeten Illusionslosigkeit in bezug auf die im ökologischen

Bereich kaum mehr zu übersehenden autodestruktiven Tendenzen und moralischen Defizite der modernen Zivilisation, und zwar sowohl in ihren entwickelten wie in ihren unterentwickelten Erscheinungsformen. Umwelt- und Ressourcenschutz ist einer jener Bereiche, in denen der Mangel an kollektiver Vernunft und Moral besonders deutlich wird. Hierbei geht es um Probleme, die mit Sprachregelungen, Verdrängungen, Beschwichtigungen, Aussitzen, technokratischen Symptomkuren oder Anwendung des Sankt-Florians-Prinzips nicht gelöst werden können. Unter diesem Blickwinkel kann von Pessimisten möglicherweise mehr Sensibilität für die Kosten des Fortschritts und mehr Realitätssinn für konstruktive Alternativen erwartet werden als von Optimisten.

Nach der Definition von Ernst Haeckel ist Ökologie „die Haushaltslehre von der Natur". Während Haeckel besonders die belebte Natur im Auge hatte, wird Ökologie heute ganz allgemein als die Wissenschaft der Wechselbeziehungen innerhalb der belebten und unbelebten Natur verstanden. Bekanntlich gibt es nicht nur eine vom Menschen verursachte, sogenannte anthropogene Milieuschädigung, sondern auch Einwirkungen durch Klima, Wetter, Naturkatastrophen, Tiere und Pflanzen. Seit einigen Jahrzehnten ist die anthropogene Milieuschädigung jedoch die bei weitem entscheidende, und auf diese wird zu Recht die Aufmerksamkeit in der modernen ökologischen Diskussion konzentriert.

Für die Nahtstelle zwischen Ökologie und Sozialwissenschaften wurde analog zur „politischen Ökonomie" eine „politische Ökologie" vorgeschlagen.[3] Forschungsgegenstand der politischen Ökologie ist allgemein der Zusammenhang zwischen Umwelt und Gesellschaft und speziell die Analyse sowie die politische Behandlung der anthropogenen Milieuschädigung, einschließlich der Ausbeutung mineralischer und fossiler Rohstoffe. Die vorliegende Arbeit ist in diesem Sinne ein Beitrag zur politischen Ökologie der Dritten Welt.

Die Betrachtung der Dritten Welt aus einer solchen Perspektive ist auch seitens der Industrienationen sinnvoll und dringlich, und zwar nicht nur im Zusammenhang mit den denkbaren Konsequenzen der Umweltzerstörung und Ressourcenplünderung für die soziale sowie politische Entwicklung in der Dritten Welt – und damit möglicherweise für die internationalen Beziehungen –, sondern ebenso im Zusammenhang mit der grenzüberschreitenden Qualität vieler Umwelt- und Ressourcenprobleme. Darüber hinaus betrifft die ökologische Problematik der Dritten Welt die Industrienationen nicht nur passiv, sondern auch als Mitverursacher, da sie aufgrund vielschichtiger wirtschaftlicher Verflechtungen mit der Dritten Welt zu deren Milieuschädigung erheblich beitragen. Den Industrienationen wächst damit eine Verantwortung zu, für die noch wenig Einsicht besteht.

I. Globale Aspekte der ökologischen Problematik

Die ökologische Problematik betrifft den gesamten Bereich des Umwelt- und Ressourcenschutzes. Neben globalen Problemen (z.B. Aufheizung der Atmosphäre durch Kohlendioxid, Zerstörung der Ozon-Schicht durch Fluorchlorkohlenwasserstoffe, Überfischung der Weltmeere, grenzüberschreitende Wasser- und Luftverschmutzung) hat jede Region und Mikroregion ihre spezifische „Mischung" von zahlreichen, sehr unterschiedlichen, zum Teil schwer wahrnehmbaren und häufig kaum exakt zu quantifizierenden bzw. zu kartographierenden Symptomen. Gemeinsam ist den meisten Regionen und Mikroregionen, daß diese Probleme komplexer werden, an Intensität zunehmen, immer häufiger zu immer größeren Engpässen und Einzelkatastrophen führen und allmählich in Richtung auf eine globale Katastrophe zu kumulieren drohen.

Erfreulicherweise sind in den vergangenen Jahren mancherorts auf bestimmten Gebieten ökologische Verbesserungen erzielt worden (z.B. in bezug auf die Luft- und Gewässerreinhaltung, die Reduktion toxischer Substanzen in Produkten des täglichen Gebrauchs, den Artenschutz, die Verkehrsberuhigung, die Beseitigung von Sondermüll, die Sanierung älterer Mülldeponien u.ä.). Solche begrenzten Einzelerfolge dürfen jedoch nicht über die destruktive Gesamttendenz hinwegtäuschen. Diese setzt sich kumulativ aus vielen kleinen und großen Schäden zusammen. In einer Publikation über globale Aspekte der gegenwärtigen Entwicklung findet sich die schlichte, aber einprägsame Formulierung: „Es gibt viele Möglichkeiten, unsere Umwelt massiv und unwiederbringlich zu ruinieren."[1]

Die weltweite ökologische Problematik besteht im wesentlichen darin,
- daß die Weltbevölkerung zunimmt,
- daß die wirtschaftliche Entwicklung weltweit auf Wachstum fixiert ist und

– daß ein Prozeß der technologischen Höherentwicklung erfolgt.

Auf diese Weise nimmt das Zerstörungs- und Vergiftungspotential im quantitativen wie im qualitativen Sinne ständig zu, und zwar innerhalb des begrenzten Raumes unseres Planeten.

Die Tatsache, daß die Weltbevölkerung zunimmt, ist allgemein bekannt; weniger bekannt ist vielleicht, daß es sich hierbei um ein exponentielles Wachstum handelt, das sich erst in allerjüngster Zeit besorgniserregend beschleunigt hat: So hat es vom Beginn der menschlichen Geschichte bis zum Jahre 1950 gedauert, bis die Weltbevölkerung auf 2,5 Mrd. Menschen angewachsen ist; fast derselbe Zuwachs wurde zwischen 1950 und 1980 – d.h. innerhalb von 30 Jahren! – erreicht, und das Wachstum beschleunigt sich weiter.

Es erscheint in diesem Zusammenhang wenig sinnvoll, die Frage zu stellen, wie viele Menschen auf der Erde theoretisch leben könnten, denn es geht ja in Wahrheit um die Frage, wie viele Menschen auf der Erde tatsächlich leben können. Unter diesem Aspekt ist unser Planet bereits heute überbevölkert, und die absehbare Bevölkerungsentwicklung wird vermutlich wesentlich schneller verlaufen als die Einführung aller etwaigen sozialen oder technologischen Neuerungen, die das menschenwürdige Überleben dieser Massen – ebenfalls theoretisch – sichern könnten.

Tabelle 1: Entwicklung der Weltbevölkerung, 7000 v. Chr. bis 1981 n. Chr.

Jahr	*Millionen*	*Jahr*	*Millionen*
7000 v. Chr.	10	1850 n. Chr.	1200
4500	20	1930	2015
2500	40	1940	2249
1000	80	1950	2509
0	160	1960	3010
900 n. Chr.	320	1981	4508
1700	600	2000	6350

Quellen: 7000 v. Chr. bis 1960 n. Chr. – Brockhaus-Enzyklopädie 1967, S. 654; 1981 – Fischer Weltalmanach 1985, S. 682; 2000 – Council on Environment Quality/Department of State (Hrsg.), The Global 2000 Report to the President, Washington 1980, S. 9.

Es wird geschätzt, daß die Weltbevölkerung zwischen 1975 und dem Jahre 2000 von 4,09 Mrd. auf 6,35 Mrd. zunehmen wird (Industrienationen: 1,13/1,32; Dritte Welt: 2,96/5,03). Im selben Zeitraum wird das Bruttoinlandsprodukt weltweit von 6025 auf 14677 Mrd. US-Dollar – zu konstanten Preisen von 1975 – steigen (Industrienationen: 4892/11224; Dritte Welt: 1133/3452).

Entsprechend wird das Pro-Kopf-Einkommen weltweit von 1473 auf 2311 US-Dollar steigen (Industrienationen: 4325/8485; Dritte Welt: 382/686). Wenn bei solchen Projektionen auch eine gewisse Fehlermarge nach oben oder nach unten einzukalkulieren ist, so geben sie doch eine gewisse Größenordnung an. Man kann also grob damit rechnen, daß die Weltbevölkerung zwischen 1975 und dem Jahre 2000 – d.h. innerhalb von nur 25 Jahren – um 55%, das Bruttoinlandsprodukt um 144% und das Pro-Kopf-Einkommen um 57% zunehmen werden.

Seit Beginn der 70er Jahre haben sich mehrere groß angelegte Projekte und zahlreiche Einzelautoren mit globalen Aspekten der Umweltproblematik beschäftigt (vgl. Literaturhinweise). Die bekannteste Studie dieser Art ist wohl der bereits zitierte „Global 2000 Report to the President", der vom Council on Environmental Quality und dem Department of State im Jahre 1980 in Washington publiziert wurde. Das Fazit dieses umfangreichen und detaillierten Werks lautet:[2]

> „Falls sich die gegenwärtigen Tendenzen fortsetzen, wird die Welt im Jahre 2000 stärker bevölkert, stärker verschmutzt, ökologisch weniger stabil und störungsanfälliger sein als die heutige Welt. Ernste Probleme im Zusammenhang mit dem Wachstum der Bevölkerung, der Ausbeutung der Rohstoffe und der Schädigung der Umwelt sind deutlich vorauszusehen. Obwohl die materielle Produktion größer sein wird, wird die Weltbevölkerung in vielerlei Hinsicht ärmer sein als heute.
>
> Hunderte von Millionen der Ärmsten werden ihre Ernährung und andere Grundbedürfnisse nicht besser befriedigen können. Für viele wird die Situation sogar noch schlechter werden. Vorausgesetzt, daß die Probleme nicht durch revolutionäre technologische Entwicklungen gelöst werden, wird das Leben der Mehrheit der Weltbevölkerung im Jahre 2000 schlechter sein als heute – sofern die Nationen dieser Welt nicht entschlossen handeln, um die gegenwärtigen Tendenzen zu verändern".

Tabelle 2: Bevölkerung, Bruttoinlandsprodukt und Pro-Kopf-Einkommen, weltweit und getrennt nach zwei Großräumen unterschiedlichen Entwicklungsstandes, 1975 und 2000 (geschätzt)

		1975	*2000*	*Steigerung in %*
Welt	Bevölkerung (Mio.)	4090	6351	55
	Bruttoinlandsprodukt (Mrd. US-$ von 1975)	6025	14677	144
	Pro-Kopf-Einkommen (US-$ von 1975)	1473	2311	57
Industrienationen	Bevölkerung (Mio.)	1131	1323	17
	Bruttoinlandsprodukt (Mrd. US-$ von 1975)	4892	11224	129
	Pro-Kopf-Einkommen (US-$ von 1975)	4325	8485	96
Dritte Welt	Bevölkerung (Mio.)	2959	5028	70
	Bruttoinlandsprodukt (Mrd. US-$ von 1975)	1133	3452	205
	Pro-Kopf-Einkommen (US-$ von 1975)	382	686	80

Quelle: Zusammengestellt und berechnet (dritte Spalte) nach Council on Environment Quality/Department of State (Hrsg.), The Global 2000 Report to the President, Washington 1980, S. 9, 15 ff. Industrienationen = „more developed countries"; Dritte Welt = „less developed countries". Das Pro-Kopf-Einkommen für die Dritte Welt im Jahre 2000 ist in der Quelle fälschlich mit 587 US-Dollar angegeben.

Obwohl die vorliegenden globalen Studien methodisch verschieden angelegt sind und die prognostizierten Entwicklungen im Detail gelegentlich voneinander abweichen, stimmen sie in den großen Trends doch weitgehend überein:[3]

„In allen diesen Studien besteht grundsätzliche Übereinstimmung in bezug auf die Ursachen dieser Probleme sowie auf die Einschätzung der Gefahren, die sie für die Zukunft der Menschheit bedeuten. Alles weist darauf hin, daß die gesamte Erde – einschließlich der USA – in den nächsten Jahrzehnten vor riesigen, dringlichen und vielschichtigen Problemen steht. Die Politik muß weltweit rasch und entschieden geändert werden, um diese Probleme zu lösen oder zu verringern, bevor sie unlösbar werden. Wirksame Maßnahmen benötigen eine lange Anlaufzeit. Wenn notwendige Entscheidungen vertagt werden, bis die Probleme schlimmer geworden sind, werden die Chancen für wirksame Maßnahmen entscheidend verringert".

Zwei Aspekte sind bei diesen globalen Projektionen zu beachten:

– Sie basieren auf Extrapolationen gegenwärtiger Tendenzen, d.h. sie kalkulieren die Durchführung von gegensteuernden Maßnahmen nicht ein, sollen diese aber anregen. Wenn sie ihre beabsichtigte politische Wirkung nicht verfehlen, haben sie den Charakter von „self-destroying prophecies". In diesem Falle würde die Zukunft etwas besser aussehen, als sie in diesen Studien vorausgesagt wird. Dieser Aspekt begründet gleichwohl keinen allzu großen Optimismus, denn der „Wirkungsgrad" von Umweltschutzmaßnahmen wird auf höchstens 70 bis 90% geschätzt.[4] Dies bedeutet, daß sich die Umweltbedingungen selbst dann langfristig verschlechtern, wenn Umweltschutzmaßnahmen intensiv und auf breiter Front durchgeführt würden. Für die Dritte Welt sind die Aussichten besonders düster, weil die Umweltschädigung im Zusammenhang mit der demographischen Expansion und der technologischen Entwicklung geradezu exponentiell zunimmt, aber kaum Voraussetzungen für die effiziente und langfristige Durchführung von Umweltschutzmaßnahmen bestehen.

– Die globalen Projektionen sind großräumig aggregiert. Für manche Regionen sind sie daher zu pessimistisch, für andere zu optimistisch. Da sie insgesamt düster sind, muß trotz der im vorangegangenen Punkt angesprochenen Einschränkung regional mit katastrophalen Entwicklungen[5] gerechnet werden, und diese werden sich aus verschiedenen Gründen vorzugsweise in der Dritten Welt abspielen (vgl. Kap. III/2).

Die Umweltschädigung ist ein weltweites Problem mit lokal sehr spezifischen Ursachen und Aspekten. Sie erstreckt sich auf folgende Bereiche:

– Die Vernichtung großräumiger Biotope und die Überausbeutung der lebenden Ressourcen;
– die Überausbeutung der mineralischen und fossilen Ressourcen;
– die Verschmutzung, Vergiftung und Verbauung;
– die Vernichtung landwirtschaftlicher Nutzfläche und die Zerstörung der natürlichen Bodenfruchtbarkeit.

Diese Bereiche werden im folgenden unter einer globalen Perspektive nur sehr kurz angesprochen und im nächsten Kapitel für die Dritte Welt etwas ausführlicher dargestellt.

In bezug auf den erstgenannten Bereich ist festzustellen, daß weltweit eine Zerstörung natürlicher Biotope erfolgt, die beispiellos in der Geschichte des Lebens auf der Erde ist, und zwar im Zusammenhang mit Abholzungen, verschiedenen Formen der Landnutzung (Landwirtschaft, Siedlungen, Verkehrs- und Leitungssysteme, Industrieanlagen), toxischen Belastungen der Luft, des Bodens und der Gewässer (einschließlich des Grundwassers) und nicht zuletzt als Folge von militärischen Aktivitäten.[6]

Darüber hinaus werden die „lebenden Ressourcen" – d.h. Tiere und Pflanzen – in einem Maße wirtschaftlich ausgebeutet, daß ihre natürliche Regenerationsfähigkeit vielfach akut bedroht ist. Als Folge beider Faktoren sterben immer mehr Arten aus, was nicht nur unter ethischen und ästhetischen Gesichtspunkten zu beklagen ist, sondern auch die Vernichtung unersetzlichen genetischen Materials bedeutet. Gerald Barney, der Direktor der „Global 2000"-Studie, stellt fest:[7] „... biological resources (soil, forests, seeds, genetic material generally) are being exploited in a way that is not sustainable".

Mostafa Tolba, der Direktor des United Nation Environment Program (UNEP), machte 1981 darauf aufmerksam, daß 25000 Arten von Blütenpflanzen und über 1000 Arten von Wirbeltieren vom Aussterben bedroht, und daß weit mehr bereits ausgestorben seien.[8] Diese Aussage liegt in der Größenordnung einer Schätzung des deutschen Sachverständigenrats für Umweltfragen (1978), der zufolge 10% der weltweit existierenden 200 000 Arten von Farn- und Blütenpflanzen akut vom Aussterben bedroht seien. Entsprechend wird in der bereits erwähnten „Global 2000"-Studie vorausgesagt, daß im Jahre 2000 ca. 15 bis 20% der 1980 vorhandenen Arten – das sind zusammen 500 000 Species – ausgerottet sein werden.[9]

In der Bundesrepublik Deutschland, wo die offizielle Umweltpolitik durch ein gewisses Maß an technokratischem Optimismus gekennzeichnet ist, sind 31% der Arten von Farn- und Blütenpflanzen und 39% der Tierarten gefährdet; 6% der deutschen Tierarten sind bereits ausgestorben.[10] Nach einer Erhebung der Vogelwarte Radolfszell gibt es zum Teil besorgniserregende Bestandsverluste bei fast allen Rohrsängern, bei der Dorngrasmücke, dem Braun- und Blaukehlchen, dem Neuntöter, dem Gartenrotschwanz, dem Zaunkönig, dem Stieglitz und dem Wendehals und sogar bei „Allerweltsarten" wie der Amsel und dem Star. Ebenfalls gefährdet sind der Grauschnäpper, der Gelbspötter und die Klappergrasmücke.[11] Derartige Beispiele lassen sich aus allen ökologischen Bereichen in großer Anzahl zusammenstellen.

Auch die Regenerationsfähigkeit der lebenden Meeresressourcen wird im allgemeinen weit überschätzt. Eine wesentliche Erhöhung des Fischfangs wird nicht für möglich gehalten; nach 1970 war der Weltfischfang sogar rückläufig. Manche Meere sind überfischt und in gefährlicher Konzentration mit Schadstoffen belastet. In vielen küstennahen Gewässern nicht nur der Dritten Welt (z. B. in der Nordsee und im Mittelmeer) droht ein ökologischer Zusammenbruch.[12] Ähnliches gilt für die Binnengewässer (z. B. das Kaspische Meer, den Aral-See, den Erie-See, das Schwarze Meer, den Maracaibo-See und die schwedischen Seen).

Was die lebenden Ressourcen der Flüsse (Fische, Krebse, Muscheln, Pflanzen) anbelangt, darf man bereits heute von einer weltweiten Katastrophe sprechen, denn die Verschmutzung und Vergiftung des Wassers aufgrund der Dauerbelastung sowie periodischer Unglücksfälle hat vielfach ein solches Ausmaß angenommen, daß immer mehr Arten akut vom Aussterben bedroht sind, sofern sie nicht bereits ausgestorben sind; die verbliebenen Arten sind häufig wirtschaftlich nicht mehr nutzbar, weil ihr Schadstoffgehalt zu hoch ist. Die Situation der deutschen Flüsse ist hierfür ein eindringliches Beispiel.

Der zweite Bereich der allgemeinen ökologischen Problematik betrifft die mineralischen und fossilen Ressourcen.[13] Sie werden in einem Maße ausgebeutet und für „überflüssige Produkte"[14] verschwendet, daß eine Erschöpfung der Vorkommen droht, bevor sie über etwaige Recycling- und Substitutionsverfahren ersetzt werden können. Es stellt sich in diesem Zusammenhang die Frage, welche Verringerung des Rohstoffpotentials bzw. ganz allgemein welche ökologischen Kosten für die Befriedigung „sekundärer" Bedürfnisse bewußt oder unbewußt in Kauf genommen werden.

Im Global 2000-Report wird folgende zeitliche Verfügbarkeit (ab 1976) verschiedener Rohstoffe angegeben (erste Zahl: Jahre Verfügbarkeit bei gleichbleibendem Verbrauch wie im Jahre 1976; zweite Zahl: das gleiche im Falle von exponentiellem Verbrauch):[15]

Silber 20/17; Zink 26/19; Quecksilber 22/21; Schwefel 34/23; Blei 37/25; Wolfram 52/31; Zinn 41/31; Kupfer 63/36; Nickel 86/43; Platin 110/44; Mangan 164/56; Eisenerz 172/62; Bauxit 312/63; Chrom 377/80.

In diesem Zusammenhang muß zusätzlich darauf aufmerksam gemacht werden, daß der Rohstoffverbrauch regional höchst unterschiedlich ist. So verbrauchen z. B. allein die USA (5% der Weltbevölkerung) rund 40% aller weltweit geförderten Rohstoffe; für jeden Bürger der USA werden jährlich 20 t Rohstoffe der Erde entnommen.[16] Solche Überschläge weisen darauf hin, daß langfristiges und weltweites Wirtschaftswachstum wohl kaum möglich ist – und schon gar nicht bei einer gleichzeitigen exponentiellen Zunahme der Weltbevölkerung. Wo genau die Grenzen des Wachstums liegen, läßt sich nur sehr spekulativ bestimmen; in den meisten Analysen, die sich mit dieser Frage befassen, wird jedoch die Ansicht vertreten, daß diese Grenzen bereits innerhalb der kommenden Jahrzehnte erreicht werden, in einigen Regionen vermutlich etwas früher und in anderen etwas später.[17]

Die Ausbeutung der Grundstoffe nennt Gruhl „die Ernte der Jahrmillionen", womit er darauf aufmerksam macht, daß sich die wirtschaftliche Expansion sehr viel schneller vollzieht, als die natürliche Evolutionsgeschwindigkeit. Diese Rhythmusdifferenz wurde auf rund 1000000 zu 1 geschätzt. Die Schlußfolgerung von Gruhl lautet: „Diese Ernte der Zeiten ist eine einmalige Ernte, und dann kommt der Tag, wo es nichts mehr zu ernten gibt".[18]

In bezug auf zukünftige Recyclingmöglichkeiten wird darauf aufmerksam gemacht, daß dafür erstens Kapital, Technologie und Energie eingesetzt werden müssen, und daß zweitens nur ein Teil des Materials zurückgewonnen werden kann, z.B. im Falle von Eisen rund 30%, Kupfer 61%, Aluminium 48%, Blei 42%, Nickel 40%, Stahl 26% und Zink 14%. In bezug auf zukünftige Substitutionsmöglichkeiten wird angemerkt, daß sie für viele Materialien noch gar nicht in Sicht seien und in anderen Fällen selber knapp werdende Rohstoffe erforderten (z.B. Erdöl und Zellulose).[19]

Auch im Hinblick auf die langfristige Sicherung der Energieversorgung gibt es viele Fragezeichen, insbesondere unter dem Aspekt eines langfristigen und weltweiten Wirtschaftswachstums bei einer gleichzeitigen exponentiellen Zunahme der Weltbevölkerung. Der englische Autor E.F. Schumacher, der mit seinem Buch „Small is Beautiful" einem breiten Publikum bekannt geworden ist, hat in einem groben Überschlag die Zunahme des weltweiten Brennstoffverbrauchs zwischen 1966 und 2000 auf das Vierfache geschätzt (5,5 Mrd. bzw. 23,2 Mrd. Steinkohleeinheiten), wovon die Hälfte auf das Bevölkerungswachstum und die andere Hälfte auf den zusätzlichen Verbrauch pro Kopf entfallen werden.[20] Auch hier zeigen sich erhebliche regionale Unterschiede: Allein die USA beanspruchten 1985 rund ein Viertel des Weltenergieaufkommens.[21] Angesichts solcher Zahlen stellt sich die Frage, wie lange der Energieverbrauch in diesem Tempo noch steigen kann und was dies unter ökologischen Gesichtspunkten bedeutet.

Die bekannten Kohlevorräte werden schätzungsweise noch

für über einhundert Jahre ausreichen, aber die Erdöl- und Erdgasvorräte werden schon lange vorher erschöpft sein.[22] Die Nutzung der Wasserkraft wird in absehbarer Zeit an eine natürliche Grenze stoßen. Die Kernenergie kann die anderen Energieträger nicht vollständig ersetzen, abgesehen davon, daß auch die Uran-Reserven endlich sind und die Nutzung der Kernenergie mit bislang ungelösten Sicherheits- und Entsorgungsfragen verknüpft ist, womit ein ernstes Problem der sozialen Akzeptanz aufgeworfen wird. Die sogenannten neuen oder alternativen Arten der Energieerzeugung (Sonne, Wind, Meereswellen und -strömungen, Gezeiten, Wasser- und Lufterwärmung, Erdwärme, Biomasse [Gas, Alkohol, Öle], Wasserstoff, Kernfusion) haben jeweils spezifische Probleme (physische und klimatische Voraussetzungen, Kosten, Wirkungsgrad, Technologie), die es sehr fraglich erscheinen lassen, ob mit ihrer Hilfe der exponentiell steigende Weltenergiebedarf gedeckt werden kann.

Die gelegentlich geäußerte Hoffnung auf eine zukünftige Nutzung der mineralischen und fossilen Meeresressourcen wird dadurch erheblich gedämpft, daß die Abbauverfahren technologisch aufwendig, zum Teil wenig ergiebig und teuer sind. Alle diese Gesichtspunkte deuten darauf hin, daß bereits mittelfristig mit einer weltweiten Rohstoffverknappung und entsprechenden Preiserhöhungen zu rechnen ist,[23] womit die Drittwelt-Staaten vermutlich als erste einschneidend konfrontiert sein werden. Ein wenig beachteter, aber sehr ernster Aspekt der Ressourcenverknappung betrifft das Wasser:

> „In Zukunft wird es regional immer häufiger zu immer ernsteren Wasserverknappungen kommen, und zwar insbesondere dort, wo Industrie und Energiewirtschaft einen hohen Wasserverbrauch haben und dort, wo die Entwaldungen so umfangreich sind, daß die Erde das Wasser nicht mehr aufnehmen, halten und in natürlich geregelter Form wieder abgeben kann".[24]

Eine spürbare Verknappung des Wassers bis zum Jahr 2000 wird für Teile der USA, für Mexico, Argentinien, fast das gesamte Westeuropa einschließlich des westlichen Teils der Sowjetunion, die nördlichen und östlichen Regionen Afrikas, fast den gesamten süd- und ostasiatischen Raum sowie den südlichen Teil Australiens vorausgesagt. Es verbleiben folgende Regionen, in denen die Wasserversorgung für das Jahr 2000 günstig beurteilt wird: Kanada und Teile der USA, die nördliche und westliche Region Südamerikas, Skandinavien, Sibirien, die westliche und südwestliche Region Afrikas, Teile von Indochina sowie die nördliche und westliche Region Australiens.[25]

Der dritte Bereich der allgemeinen ökologischen Problematik betrifft die Verschmutzung, Vergiftung und Verbauung. Als besonders ernst wird die zunehmende Belastung der Atmosphäre mit Kohlendioxid und verschiedenen Spurenstoffen – darunter Fluorchlorkohlenwasserstoffen – betrachtet.

Die Atmosphäre steht mit der Biosphäre in einem komplizierten Austauschverhältnis in bezug auf die Zirkulation von Sauerstoff und Kohlendioxid sowie das Wasser. Darüber hinaus bildet die Atmosphäre einen Schutz gegen die Weltraumstrahlung. Störungen dieses atmosphärischen Gleichgewichts durch Emissionen bzw. großflächige Änderungen der Vegetation können zu bislang schwer abzuschätzenden Konsequenzen für die Biosphäre führen. Der bekannteste Teilaspekt dieser Problematik ist die zunehmende Aufheizung der Atmosphäre sowie die Schädigung des Ozongürtels.

Es wird geschätzt, daß die durchschnittliche Temperatur bis zum Jahre 2030 zwischen einem und sieben Grad Celsius ansteigen wird, wobei die obere Hälfte dieser Marge im Bereich höherer Wahrscheinlichkeit liegt. Hermann Flohn, einer der führenden deutschen Klimaforscher, sieht in dieser Erwärmung und den damit erfolgenden Klimaveränderungen das größte Umweltproblem, das wir kennen; die Folgen dieser Entwicklung seien für Milliarden von Menschen lebensbedrohend.[26]

Mit ähnlicher Besorgnis wird die zunehmende Verdünnung des Ozongürtels verfolgt. 1986 wurde in der Antarktis ein regelrechtes „Ozon-Loch“ entdeckt, das möglicherweise das erste Symptom einer großräumigen Schädigung ist; genaue Untersuchungen stehen noch aus.

Abgesehen von den erwähnten Aspekten ist die Luft mit zahlreichen toxischen Substanzen belastet, die nicht nur in vielfältiger Weise – auch über den „sauren Regen“ – die Biosphäre schädigen[27] (vom Waldsterben bis zu gesundheitlichen Risiken für die Menschen), sondern in zunehmendem Maße auch zur Zerstörung von Kulturgütern führen.[28]

Die Verschmutzung und Vergiftung betrifft in ähnlicher Weise die Gewässer – einschließlich des Grundwassers[29] – und die Böden, wobei unterschiedliche Schadstoffe eine Rolle spielen, unter anderem Schwermetalle, landwirtschaftliche Chemikalien und sonstige Substanzen, die als gasförmige Emissionen, Stäube oder Abwässer an die Umwelt abgegeben werden.

Ein besonderer Aspekt der Verschmutzung und Vergiftung betrifft die Anreicherung von Schadstoffen (einschließlich radioaktiver Isotope) in der Nahrungskette; auf die Weise wird die lebendige Natur – einschließlich der Menschen – sozusagen zum Endlager für die Gifte der modernen Gesellschaft. Ein besonders eindringliches Beispiel hierfür ist die Tatsache, daß das in den Industrienationen seit langem verbotene, in der Dritten Welt aber nach wie vor verwendete Pestizid DDT sogar im Blut von wildlebenden Pinguinen nachgewiesen wurde.

Es ist in diesem Zusammenhang darauf zu achten, daß es nicht nur eine toxische Dauerbelastung der Biosphäre gibt, sondern daß zusätzlich einzelne industrielle Katastrophen eintreten, wobei hinsichtlich der Industrienationen beispielhaft auf Seveso, Tschernobyl oder Basel und in der Dritten Welt auf Campeche oder Bhophal hinzuweisen ist. Da sich die industriellen Katastrophen weltweit häufen, werden sie allerdings in absehbarer Zeit von der Dauerbelastung kaum noch zu unterscheiden sein.

Ein wesentliches Problem besteht auch in der fortschreitenden Verbauung, und zwar nicht nur deswegen, weil durch großräumige Infrastrukturprojekte natürliche Biotope geschädigt und zerstört werden, sondern weil die modernen Städte – vor allem die Großstädte, und zwar ganz besonders in der Dritten Welt – zunehmende Einschränkungen für das physische und psychische Wohlbefinden ihrer Einwohner verursachen. Der Psychoanalytiker Alexander Mitscherlich hat diesen Aspekt sehr anschaulich beschrieben;[30] seine Grundthese besagt sinngemäß, daß das Leben in der modernen Großstadt immer stärker mit der natürlichen Triebausstattung des Menschen in Konflikt gerät. Vor 130 Jahren, als die Städte (besonders in den USA) nach heutigen Maßstäben noch geradezu idyllisch waren, sprach Chief Seattle, der Häuptling der Duwamish, in seiner berühmten Rede vor dem Präsidenten:[31]

> „Der Anblick Eurer Städte schmerzt die Augen des roten Mannes. Vielleicht, weil der rote Mann ein Wilder ist und nicht versteht. Es gibt keine Stille in den Städten der Weißen. Keinen Ort, um das Entfalten der Blätter im Frühling zu hören oder das Summen der Insekten. Aber vielleicht nur deshalb, weil ich ein Wilder bin und nicht verstehe. Das Geklappere scheint unsere Ohren nur zu beleidigen. Was gibt es schon im Leben, wenn man nicht den einsamen Schrei des Ziegenmelkervogels hören kann, oder das Gestreite der Frösche am Teich bei Nacht? Ich bin ein roter Mann und verstehe das nicht".

Ein vierter und letzter Aspekt der allgemeinen ökologischen Problematik betrifft die Zerstörung der natürlichen Bodenfruchtbarkeit durch fehlerhafte Nutzung und den übermäßigen Einsatz landwirtschaftlicher Chemikalien sowie die Vernichtung landwirtschaftlicher Nutzflächen durch Erosion, Verwüstung und Verbauung. Von der gesamten Erdoberfläche eignet sich nur rund ein Fünftel für die landwirtschaftliche Nutzung;[32] letztere kann also nicht beliebig ausgedehnt werden; es geschieht geradezu das Gegenteil:

Nach Angaben des United Nations Environment Program (UNEP) sind weltweit 60% des Ackerlandes, 80% des Weidelandes und 30% des künstlich bewässerten Nutzlandes von der Erosion betroffen.[33] Zusätzlich zu den bereits vorhandenen 8 Mio. km^2 Wüste werden 20 Mio. km^2 Land als gefährdet betrachtet.[34] Jährlich gehen etwa 125 000 ha Bewässerungsland durch Versalzung und Versumpfung verloren,[35] während die Weltbevölkerung exponentiell wächst.

Der Versuch, den Verlust an landwirtschaftlicher Nutzfläche durch die Erschließung neuer Flächen zu kompensieren, scheitert gegenwärtig daran, daß die Weltbevölkerung viel schneller wächst als die Fläche, die netto gewonnen wird; in absehbarer Zeit wird dieser Versuch zusätzlich daran scheitern, daß die weltweite Brachlandreserve aufgebraucht sein wird (s. oben).

Eine zweite Antwort auf dieses Problem besteht darin, die Produktion durch Mechanisierung, Verbesserungen des Saatguts sowie den Einsatz landwirtschaftlicher Chemikalien[36] zu steigern. Abgesehen davon, daß sich landwirtschaftliche Erträge auch durch Intensivierung nicht beliebig steigern lassen und daß eine solche Produktionsform nicht überall finanzierbar ist, muß man mit schwerwiegenden sozialen und vor allem ökologischen Konsequenzen rechnen (vgl. dazu Kap. III/3).

Die dargestellten globalen Belastungen betreffen zum Teil alle Regionen in ähnlicher Weise (z. B. die atmosphärischen Belastungen), zum Teil konzentrieren sie sich aber auf bestimmte Regionen und Mikroregionen, und zwar in jeweils spezifischen Mischungen. Insgesamt betrachtet zielt die Entwicklung in Richtung auf zunehmende Rohstoffverknappung und fortschreitende Milieuschädigung, und zwar tendenziell katastrophalen Charakters. Eine globale Politik des Ressourcen- und Umweltschutzes wird daher immer dringlicher. Die Chancen für eine solche Politik dürfen allerdings nicht allzu optimistisch eingeschätzt werden, weil eine weltweite ökologische Disziplinierung des vorherrschenden Zivilisationsmodells politisch schwer durchsetzbar erscheint. Da kollektives Lernen erfahrungsgemäß häufig nur über Katastrophen möglich ist, kann nicht ohne weiteres davon ausgegangen werden, daß es im ökologischen Bereich zu einer präventiven Selbstkorrektur kommen wird.

Auch das gängige Argument, wonach zukünftige Entscheidungen und Erfindungen eine Katastrophe abwenden würden, muß mit Skepsis beurteilt werden. Angesichts der Ratlosigkeit der Politik, der Wissenschaft und der Technik in bezug auf viele akute Probleme ist es eine erstaunliche Annahme, daß immer dann eine Lösung gefunden wird, wenn ein Bedarf besonders dringlich ist.[37] Wie die gegenwärtige Situation der

Dritten Welt zeigt, trifft diese Annahme bereits heute nicht zu, denn wir erleben dort sozio-ökonomische und ökologische Katastrophen sozusagen am laufenden Band bzw. als Dauerzustand.[38] Die erwähnte Annahme erscheint vielmehr als eine interessengebundene Hoffnung bzw. Illusion von Verteidigern des laufenden zivilisatorischen Prozesses.

II. Umweltzerstörung und Ressourcenplünderung in der Dritten Welt

Wie bereits mehrfach erwähnt wurde, hat die ökologische Problematik sehr unterschiedliche globale und regionale Ursachen und Erscheinungsformen, die in jeder Region und Mikroregion in spezifischer Weise miteinander kombiniert sind. Wenn im folgenden von der Dritten Welt als einem Großraum[1] die Rede ist, so dürfen darüber die zahlreichen lokalen Besonderheiten nicht vergessen werden. Es darf ebenfalls nicht übersehen werden, daß es innerhalb der Dritten Welt durchaus bemerkenswerte Unterschiede in bezug auf die Sensibilität gegenüber ökologischen Problemen gibt.

Die synoptische Betrachtung der Dritten Welt hat den Vorteil, daß man die ökologische Problematik in ihrer gesamten Dimension erkennt, aber den Nachteil, daß die spezifischen Erscheinungen lokaler Art allenfalls beispielhaft zur Sprache kommen können. Die nachfolgenden angesprochenen Aspekte können vielleicht mit den sichtbaren Krankheitszeichen eines Patienten verglichen werden, der gleichzeitig verschiedene schwere Leiden hat, deren Symptome sich in unterschiedlicher Ausprägung und Mischung über den Körper verteilen.

Im Gegensatz zu einer verbreiteten Auffassung ist die ökologische Problematik in der Dritten Welt wesentlich ernster als in den Industrienationen. Obwohl die betreffenden Ursachen, soweit sie im vorherrschenden Zivilisationsmodell zu suchen sind, in der Dritten Welt und in den Industrienationen weitgehend dieselben sind, kommen in der Dritten Welt noch einige Ursachen hinzu. Falls sich die gegenwärtigen Tendenzen fortsetzen, ist zu erwarten, daß sich die ökologische Problematik in der Dritten Welt zu immer häufigeren, größeren und komplexeren Katastrophen zuspitzen wird. Vermutlich werden diese Katastrophen dort am schlimmsten, wo die sozialen Systeme besonders differenziert und verletzlich sind, wo die Bevölkerungskonzentration besonders hoch ist und wo die Bedingungen für das einfache Leben auf der Basis von Subsistenzwirtschaft besonders schlecht sind, d.h. in den großen Metropolen.

Es wurde bereits darauf hingewiesen, daß die meisten Drittwelt-Staaten nicht nur ökonomisch unterentwickelt, sondern auch ökologisch fehlentwickelt sind. Fast überall dort, wo in der Dritten Welt ein meßbarer sozio-ökonomischer Fortschritt stattfindet, läßt sich eine eigenartige Verknüpfung von steigendem individuellen Lebensstandard und gleichzeitiger Verschlechterung der kollektiven Lebensqualität feststellen (abgesehen davon, daß in den meisten Drittwelt-Staaten die Steigerung des individuellen Lebensstandards einer kleinen Schicht vorbehalten ist, während die Mehrheit der Bevölkerung sozusagen strukturell am Existenzminimum lebt). Die sogenannte Entwicklung ist wesentlich auf die Befriedigung sekundärer Bedürfnisse einer Einkommens- und Besitzelite ausgerichtet (Güter und Dienstleistungen des gehobenen Konsums), während die Befriedigung wichtiger primärer Bedürfnisse der Allgemeinheit zusehends eingeschränkt wird (z.B. ausreichende Rohstoff- und Energiereserven, gesunde Umwelt, unverbaute Landschaft, artenreiche Biotope, humane Städte, rückstandsfreie Lebensmittel). Es ist schon eine reichlich paradoxe Situation, wenn heutzutage die Lebensqualität in steinzeitlichen Kulturen (z.B. von „wild" lebenden Indianern) in bezug auf viele Kriterien besser ist als die Lebensqualität jener marginalen Massen, die erst im Zuge des sogenannten Fortschritts entstanden sind.

Berichte über verheerende Milieuschäden kurzfristiger wie chronischer Art finden sich praktisch täglich in den Massenmedien; die Schäden werden komplexer und akuter, aber sie produzieren nur selten angemessene politische Reaktionen. Mostafa Tolba, der Direktor des UNEP, stellt lapidar fest:[2]

„Das Erstaunliche ist die Tatsache, daß die Regierungen ihre Politik der Verschmutzung und Zerstörung fortsetzen. Diese Politik ist selbstmörderisch; sie hat bereits begonnen, die Weltwirtschaft zu destabilisieren und die Sicherheit der Nationen zu gefährden. Die Hauptursache unserer Umweltkrise besteht darin, daß sich zu viele Regierungen und zu viele Menschen der Illusion hingeben, daß das Leben und die regenerierbaren Ressourcen auf diesem Planeten nicht bedroht seien".

Im folgenden werden die wichtigsten Aspekte der ökologischen Problematik der Dritten Welt summarisch vorgestellt und anhand von einzelnen Beispielen illustriert.[3]

1. Die Vernichtung großräumiger Biotope und die Überausbeutung der lebenden Ressourcen

In der Dritten Welt erfolgt eine Vernichtung großräumiger Biotope (Lebensräume) und Biozönosen (Lebensgemeinschaften) durch toxische Überbelastung, durch die Überausbeutung der lebenden Ressourcen (Abholzung, Überjagung, Überfischung[4]), durch Überweidung sowie durch Erschließung und Verbauung (Siedlungen, Industriegebiete, militärische Anlagen, Staudämme, Flugplätze, Hafenanlagen, Verkehrs- und Leitungssysteme). Die Konsequenzen dieser Entwicklung sind vielfältig:

Fauna und Flora werden massiv dezimiert und vielfach ausgerottet,[5] womit auch eine Vernichtung genetischer Optionen verbunden ist. Dies hat nicht nur einen ethischen und ästhetischen, sondern auch einen sehr materiellen Aspekt, denn es besteht die Gefahr, immer mehr in eine genetische Monokultur weniger hochgezüchteter Nutztiere und -pflanzen zu geraten. Damit werden einerseits mögliche Züchtungsvarianten eingeschränkt, andererseits kann die genetische Verarmung auch zu fatalen Konsequenzen in bezug auf (bekannte oder neue, d.h. mutierte) Krankheitserreger führen.

Hoimar von Ditfurth fühlt sich hinsichtlich der anthropogenen Artenvernichtung an einen Fluggast erinnert, der während des Fluges in das Cockpit eindringt und dort anfängt, alle Instrumente herauszureißen, deren Funktion er nicht begriffen hat.[6]

Es kommt weiterhin zu schwerwiegenden Erosionsschäden, zu großräumiger Versteppung und Verwüstung, zur Senkung des Grundwasserspiegels und gleichzeitiger Häufung von Überschwemmungskatastrophen sowie zu Klimaveränderungen.[7] Als Folge davon ergibt sich ein Verlust an landwirtschaftlicher Nutzfläche[8] und damit eine tendenziell stärkere Landflucht sowie eine zunehmende Gefährdung der Lebensmittelversorgung.

Besonders verheerende Probleme in diesem Zusammenhang sind die Abholzung der tropischen und subtropischen Wälder für die industrielle Nutzung, die Erschließung von neuen landwirtschaftlichen Flächen und die Gewinnung von Brennholz. Je nach Region überwiegt die eine oder die andere Variante. Insgesamt gesehen dürften die Abholzung für die industrielle Nutzung sowie die Erschließung von neuen landwirtschaftlichen Flächen die größten Schäden anrichten. Aber auch der private Holzverbrauch hat in vielen Gegenden schwerwiegende ökologische Konsequenzen, z. B. im Andengebiet, in Afrika und in Indien. In vielen Ländern der Dritten Welt wird hauptsächlich mit Holz und Holzkohle gekocht oder geheizt. Angesichts der zunehmenden Holzverknappung hat der Raubbau die Regenerationsfähigkeit der Wälder häufig zerstört, was die Holzverknappung weiter verschärft hat. Die Preise für Holz und Holzkohle sind vielerorts für arme Familien kaum noch erschwinglich; häufig ist das Brennmaterial für eine Mahlzeit teurer als die Nahrungsmittel, die gekocht werden sollen.[9]

Die Menschheit sieht sich heute mit den katastrophalen Folgen von Abholzungen früherer Jahrhunderte konfrontiert und erlebt die vielfältigen Schwierigkeiten einer Rekultivierung, z. B. in Griechenland, Jugoslawien, Italien und Spanien. Karthago war einst bewaldet, und Nordafrika war die Kornkammer Roms. In vielen Teilen der Welt dehnen sich die Steppen und Wüsten als Folge großräumiger Abholzungen weiterhin aus (USA, Mexico, Mittelamerika und Karibik, Nord- und Nordost-Brasilien, Andines Hochland, Nord- und Südafrika, China). Nach einer Schätzung des Instituts für Waldbau der Universität Göttingen sind in den Tropen durch anthropogene Schäden (Entwaldung, einseitige Bodennutzung, ungünstige Auswahl von Kulturpflanzen, Überweidung, Ausrottung bodenständiger Tierarten, nachhaltige Veränderungen der Flußsysteme und Störungen des Wasserhaushalts) allein zwei Milliarden Hektar für eine „sinnvolle Bodennutzung" verloren gegangen.[10]

Jährlich gehen etwa 245 000 Hektar tropischen Regenwaldes verloren.[11] Die Prognose der „Global 2000"-Studie für die Dritte Welt lautet:

> „Im Jahre 2000 werden 40% jener Wälder verschwunden sein, die 1978 in der Dritten Welt vorhanden waren ...
> Im Jahre 2020 werden in der Dritten Welt vermutlich alle Wälder, die aufgrund ihrer natürlichen Lage für eine wirtschaftliche Nutzung zugänglich sind, abgeholzt sein".[12]

Einen Überblick über die Entwicklung der weltweiten Wald- und Holzreserven gibt Tabelle 3. Sie zeigt, daß die Waldbestände in den Industrieländern ungefähr erhalten werden, in der Dritten Welt jedoch rapide schrumpfen werden.

Entsprechendes gilt für die nachwachsenden Bestände. Besonders bedenklich ist die Entwicklung jedoch, wenn man die nachwachsenden Bestände pro Kopf der Bevölkerung betrachtet: Sie werden bis zum Jahre 2000 gegenüber 1978 weltweit um 47%, in den Industrieländern um 20% und in der Dritten Welt sogar um 63% schrumpfen. Der häufige Hinweis auf die nachwachsenden Bestände ist noch in einer weiteren Hinsicht irreführend, weil es sich hierbei fast ausschließlich um eine wirtschaftsrationale Wiederaufforstung handelt, mit der keine artenreichen Urwälder, sondern monokulturelle „Holzfabriken" geschaffen werden.

Es wird befürchtet, daß die Abholzung der tropischen und subtropischen Wälder regional sehr bald zu einem „point of no return"[13] führen wird, sofern dieser Punkt nicht bereits erreicht ist, wobei die kurzfristigen Erträge des Raubbaus in keinem Verhältnis zu den langfristigen Schäden stehen,[14] um so mehr, als die landwirtschaftlichen Nutzungsmöglichkeiten der

Tabelle 3: Geschätzte Wald- und Holzreserven für die Jahre 1978 und 2000

	Geschlossene Wälder (Mio. Hektar)		*Nachwachsende Bestände (Mrd. Festmeter)*	
	1978	*2000*	*1978*	*2000*
Sowjetunion	785	775	79	77
Europa	140	150	15	13
Nordamerika	470	464	58	55
Japan, Australien, Neuseeland	69	68	4	4
Industrieländer insges.	1464	1457	156	149
Lateinamerika	550	329	94	54
Afrika	188	150	39	31
Asiatische und Pazifische Drittweltländer	361	181	38	19
Drittweltländer insges.	1099	660	171	104
Summe	2563	2117	327	253
			Nachwachsende Bestände pro Kopf (Mrd. Kubikmeter Biomasse)	
Industrieländer			142	114
Drittweltländer			57	21
weltweit			76	40

Quelle: Council on Environmental Quality/Department of State (Hrsg.), The Global 2000 Report to the President, Washington 1980, Band 1, S. 23.

gerodeten Flächen aufgrund der geringen natürlichen Bodenfruchtbarkeit sehr begrenzt sind.

Im Amazonasgebiet, der größten zusammenhängenden Waldfläche der Erde, hat sich die abgeholzte Fläche zwischen 1975 und 1980 von 2,8 auf 12,4 Mio. Hektar ausgedehnt, d.h. innerhalb von fünf Jahren vervierfacht; allein auf einer Farm des Volkswagen-Konzerns wurden 70000 Hektar abgeholzt.[15] Wenn das Amazonasgebiet erwähnt wird, sollte allerdings nicht verschwiegen werden, daß es auch in der Dritten Welt durchaus Beispiele für eine zunehmende Sensibilisierung für Umweltprobleme gibt. Bei der Erschließung der umfangreichen Erzvorkommen in Carajás (Brasilien) wurde z.B. von vornherein versucht, die Umweltschäden so gering wie möglich zu halten. Am guten Willen hat es im Detail sicherlich nicht gefehlt, trotzdem ist die gesamte Landschafts- und Naturzerstörung natürlich außerordentlich groß, wenn man bedenkt, daß von Carajás täglich rund 15 000 Tonnen Eisenerz mit drei Zügen (je 160 Waggons) über eine eigens dafür geschaffene Bahnlinie in die 900 km entfernt liegende Hafenstadt São Luiz transportiert werden. Da hilft es nicht sehr viel, wenn berichtet wird, daß in Carajás weder Hunde noch Katzen gehalten werden dürfen, um die Wilderei von Haustieren im Urwald zu verhindern.

Die begrenzten ökologischen Bemühungen in Carajás, so bescheiden sie auch sind, erscheinen gegenüber der Situation im übrigen Amazonasgebiet als geradezu vorbildlich. Der Unterschied zwischen erlaubten und unerlaubten Rodungen ist dabei ökologisch ziemlich irrelevant. Im übrigen spielt der Staat keineswegs eine bremsende Rolle. Im September 1986 wurde sogar ernsthaft ein Regierungsprojekt von 1979 wieder in die Diskussion gebracht, das die genehmigte Abholzung einer Fläche von der Größe Spaniens vorsah; einer der Verantwortlichen kritisierte in diesem Zusammenhang „die unangebrachten Besorgnisse ökologischer Art“. Selbst wenn dieses Projekt letztlich nicht genehmigt werden sollte, produziert seine neuerliche Diskussion politische Signale, die sehr bedenklich stimmen.[16]

Eines von vielen Beispielen einer großräumigen Zerstörung natürlicher Biotope ist Bolivien. Es soll hier zur Veranschaulichung vorgestellt werden. In einer detaillierten Analyse der ökologischen Problematik dieses Landes führt Mansilla aus:[17]

„Die Berichte der ersten spanischen Chronisten ... sprechen übereinstimmend von einem milden Klima, einer reichen Tierwelt und einer mannigfaltigen Vegetation sowie von Flüssen und Seen klaren Wassers. La Paz wurde zuerst nahe der heutigen Ortschaft Laja gegründet, inmitten einer jetzt kahl und kalt gewordenen Steppe auf 4000 Metern über dem Meeresspiegel, und zwar weil dieser Landstrich 1548 noch über ein mildes Klima verfügte, das eine blühende Landwirtschaft und Viehzucht gestattete. In den ersten Jahrzehnten der spanischen Herrschaft war die Hochebene (altiplano) eine bevorzugte Siedlungsgegend der Spanier wegen der guten

Möglichkeiten für Weizenbau und des Fehlens von Plagen und Parasiten; im 16. Jahrhundert entstanden – vor allem im nördlichen Teil des altiplano – nicht wenige Mühlen und Kornkammern, deren Überreste noch heute von einer beträchtlichen Agrikultur zeugen.

Die Spanier fanden eine Landschaft vor, die Seen, Flüsse, Wälder und Wiesen umfaßte: Bäume und Grasfelder zeigten eine besondere dunkelgrüne Färbung ... In der vorspanischen Zeit waren Hügel und Abhänge der zahlreichen Gebirgsketten von Wäldern bedeckt; in den Niederungen gab es außerdem viele künstlich bewässerte Wiesen ..., die die Ernährung großer Herden von Lamas und Alpacas sowie die Erhaltung eines höheren allgemeinen Feuchtigkeitsgrads erlaubten ... Den Spaniern ist es gelungen, dieses ökologisch einmalige Großsystem in einer relativ kurzen Zeitspanne von höchstens hundertfünfzig Jahren zu zerrütten".

Die mittlerweile betroffene Fläche beträgt etwa ein Drittel des Staatsgebiets; weite Landstriche sind verwüstet und eignen sich nicht mehr für eine land- und forstwirtschaftliche Nutzung. Der Fall Boliviens ist besonders aufschlußreich, wenn man bedenkt, daß dieses Land mit über 1 Mio. km^2 mehr als viermal so groß ist wie die Bundesrepublik Deutschland, aber nur ein Zehntel ihrer Einwohnerzahl (rund 6 Mio.) hat. Bedenkt man zusätzlich, daß allein in den drei größten Städten über ein Drittel der Gesamtbevölkerung lebt, dann wird deutlich, daß das Land außerordentlich dünn besiedelt ist. Die Tatsache, daß eine so massive Umweltzerstörung trotz einer derart geringen Bevölkerungsdichte überhaupt möglich war und ist, muß sehr nachdenklich stimmen. Bei alledem darf nicht vergessen werden, daß Bolivien als eines der ärmsten und rückständigsten Länder der ganzen Welt die Umweltzerstörung auf einem durchaus bescheidenen „technologischen Niveau" betreibt. Die folgende chronologische Übersicht vermittelt einen plastischen Eindruck von der räumlichen Dimension dieses Vorgangs (Karte 1).

Zwei Aspekte, die in der ökologischen Literatur wenig Beachtung finden, sollten im Zusammenhang mit der großräumigen Zerstörung von Biotopen und Biozönosen noch erwähnt werden: Erstens darf nicht vergessen werden, daß damit die Lebensgrundlagen der letzten „wild" lebenden Stammesvölker vernichtet werden, und zweitens sollten auch militärische Aktivitäten[18] unter dem Aspekt der Milieuschädigung betrachtet

Karte 1: Der Erodierungsprozeß in Bolivien

a) *16.–18. Jahrhundert*

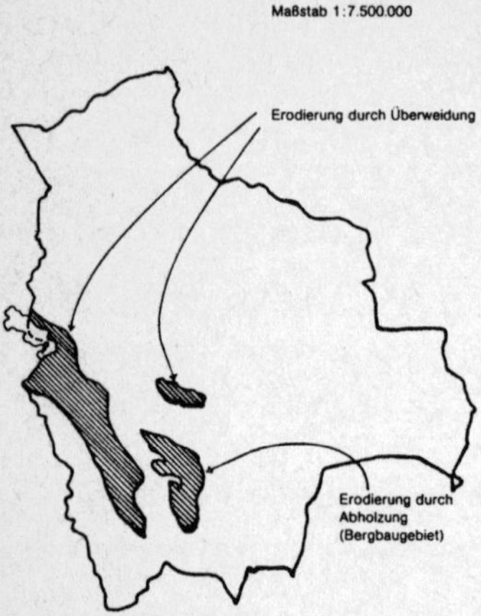

b) *19. Jahrhundert*

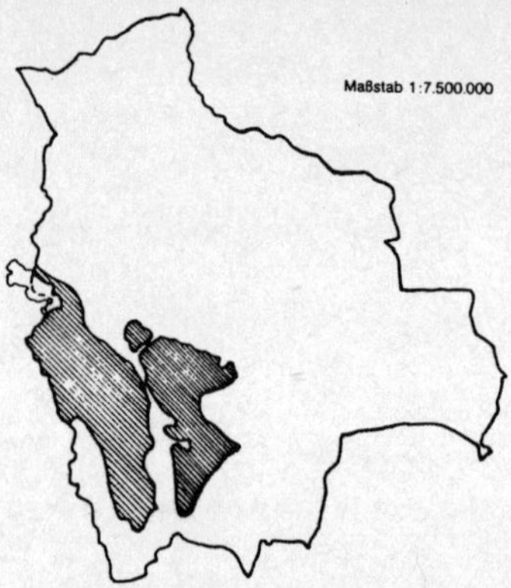

c) *Erste Hälfte des 20. Jahrhunderts*

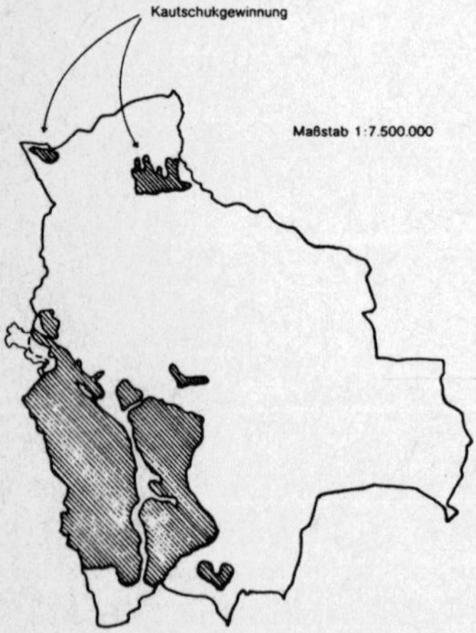

d) *Seit 1950*

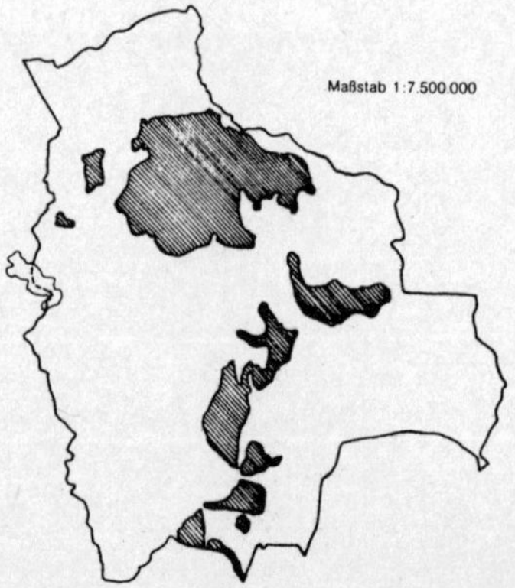

e) *Gesamtfläche des Erodierungsprozesses (Stand 1983)*

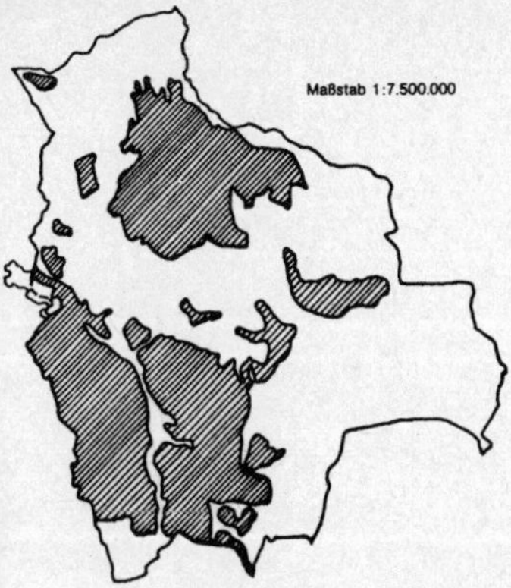

f) *Zusätzliche erosionsanfällige Gebiete (Stand 1983)*

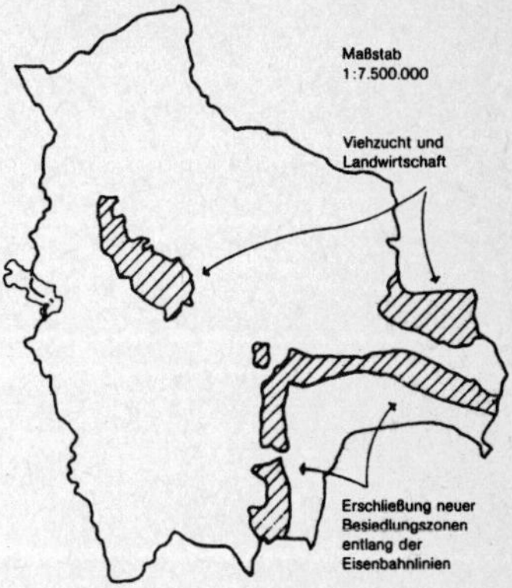

Quelle: Entnommen aus H.C.F.Mansilla, Nationale Identität, gesellschaftliche Wahrnehmung natürlicher Ressourcen und ökologische Probleme in Bolivien, München 1984, S.143, 144, 155, 162, 167, 170.
Anmerkung: Karte a) nach Angaben der spanischen Chronisten; Karten b) und c) nach Angaben der Geographischen Gesellschaft Boliviens; Karte d) nach Angaben der Ökologischen Gesellschaft Boliviens; Karte e) nach Angaben von W.Terrazas Urquidi und der Ökologischen Gesellschaft Boliviens; Karte f) nach Angaben von Manuel V.Posnansky.

werden, und zwar sowohl im Krieg (z.B. Vietnam, Iran/Irak) wie im Frieden (z.B. Bikini-Atoll, Mururoa-Atoll).

2. *Die Überausbeutung der mineralischen und fossilen Ressourcen*

In Kapitel I wurde dieses Problem bereits aus einer globalen Perspektive angesprochen. Im speziellen Fall der Drittwelt-Staaten muß man wohl davon ausgehen, daß sie früher und einschneidender von der drohenden Rohstoffverknappung betroffen sein werden, weil sie zwar insgesamt über viele Rohstoffvorkommen verfügen, aber im Einzelfall zumeist eine einseitige Ausstattung haben und diese – aus verschiedenen Gründen – größtenteils in den Zyklus der Rohstoffverwertung von Industrienationen einbringen.

Da mögliche Recycling- und Substitutionsverfahren den langfristigen Bedarf nicht werden decken können, wird es vermutlich zu einschneidenden Preiserhöhungen kommen. Die Drittwelt-Staaten werden sich gegenüber den Industrienationen diesbezüglich in dreifacher Hinsicht im Nachteil befinden: Sie werden kaum in der Lage sein, die möglichen Recycling- und Substitutionsverfahren mit hohem Wirkungsgrad zu implantieren und zu finanzieren, sie werden ebenfalls technische und finanzielle Probleme bei der Ausbeutung der zunehmend schwerer erschließbaren Rohstofflager bekommen und sie werden vor immer größeren Schwierigkeiten bezüglich der Finanzierung ihrer Rohstoffimporte stehen.

Ein häufig unterbewerteter Rohstoff ist Wasser. In Kapitel I wurde bereits darauf hingewiesen, daß in vielen Regionen eine Verknappung des Wassers droht, und zwar aufgrund steigenden Bedarfs, fehlerhafter Nutzung, Senkung des Grundwasserspiegels und Klimaveränderungen als Folge von Abholzungen. In der Dritten Welt sind davon besonders betroffen: die nördlichen und östlichen Regionen Afrikas, fast der gesamte süd- und ostasiatische Raum sowie Mexico und Argentinien. Die Wasserversorgung ist jedoch nicht nur mengenmäßig gefährdet, sondern auch im Hinblick auf die Wasserqualität. Nach Angaben des UNEP ist verseuchtes Wasser die Hauptursache dafür, daß weltweit eine Milliarde Menschen an schweren Erkrankungen leiden.[19] Hinzu kommt als drittes Problem, daß die Wasserversorgung und -entsorgung in der Dritten Welt ziemlich prekär ist[20] (vgl. Tabelle 4).

Auch im Hinblick auf die langfristige Sicherung der Energieversorgung werden viele Drittwelt-Staaten mit erheblichen Problemen konfrontiert werden, sofern sie – was für die Mehrheit gilt – keine ausreichende Ausstattung mit den erforderlichen Energieträgern und Technologien haben bzw. nicht

Tabelle 4: Wasserversorgung und -entsorgung in der Dritten Welt (1970)

	Wasserversorgung in %		*Entsorgung in %*	
	städt.	*ländl.*	*städt.*	*ländl.*
Afrika	67	11	51	18
Mittel- und Südamerika	76	22	65	22
Östliches Mittelmeer	86	20	94	21
Algerien, Marokko, Türkei	73	44	40	5
Südostasien	53	5	74	3
Westlicher Pazifik	75	22	80	5
insgesamt	69	12	69	8

Quelle: Entnommen aus: United Nations World Health Organization (WHO) (Hrsg.), Community Water Supply and Sewage Disposal in Developing Countries, Statistics Report, Vol. 26, No. 11 (1973), S. 726.

über die finanziellen und technologischen Mittel verfügen, um alternative Energiequellen im benötigten Umfang entwickeln und nutzen zu können, soweit dies in bezug auf den Wirkungsgrad überhaupt realistisch ist. Die beginnende Förderung solcher alternativer Energiequellen in der Dritten Welt seitens der Industrienationen erfolgt natürlich nicht aus reinem Altruismus, sondern mit dem Hintergedanken, die entsprechenden Anlagen an die armen Länder zu verkaufen. Die Sonnenenergie gibt es ja z. B. „umsonst“, nicht aber die Anlagen, um sie zu nutzen, und das gleiche gilt entsprechend für die anderen alternativen Energiequellen (z. B. Wind, Meereswellen und -strömungen, Gezeiten, Wasser- und Lufterwärmung, Erdwärme, Biomasse [Gas, Alkohol, Öle], evtl. Wasserstoff und Kernfusion).

Im Zusammenhang mit der Energieproblematik sollte auch nicht vergessen werden, daß es im Hinblick auf die mobilen Energieträger (z. B. Kohle, Erdöl, Erdgas, Uran) eine internationale Konkurrenz gibt, die sich angesichts zunehmender Verknappung immer stärker zuungunsten der diesbezüglich importabhängigen Staaten der Dritten Welt auswirken wird.[21]

Eine letzte Anmerkung in diesem Zusammenhang gilt dem „Sinn“ einer forcierten Förderung der Energiewirtschaft: Möglicherweise würde der technologische und finanzielle

Aufwand dafür in keinem Verhältnis zu der entwicklungspolitischen Bedeutung jener Produkte und Dienstleistungen stehen, die mit dieser Energie hergestellt werden sollen – ein Aspekt, der sinngemäß im übrigen auch für die Industrienationen zu berücksichtigen wäre.

3. Die Verschmutzung, Vergiftung und Verbauung

Die Verschmutzung und Vergiftung der Luft, des Regens, der Gewässer, des Grundwassers und des Bodens hat in vielen Regionen der Dritten Welt bereits die Dimension einer chronischen Katastrophe angenommen. Hinzu kommen immer häufigere und immer größere Einzelkatastrophen, wie z. B. die Erdölverschmutzung bei Campeche (Golf von Mexico), der Brand industrieller Abwässer in den Slums von Cubatão (Südostbrasilien) oder die Giftgasemission der Union Carbide in Bhophal (Indien).[22] Auch im Hinblick auf die Frage der Reaktorsicherheit in der Dritten Welt muß man wohl spätestens seit den Ereignissen in Tschernobyl sehr besorgt sein.

Die Verschmutzung und Vergiftung der Umwelt beruht auf einer völlig unzureichenden Entsorgung der städtischen und industriellen Zentren sowie auf dem unangemessenen Einsatz von landwirtschaftlichen Chemikalien. Alle einschlägigen Untersuchungen stimmen darin überein, daß die zunehmende Umweltverschmutzung und -vergiftung in der Dritten Welt dramatisch ist und daß regional wahre toxische Zeitbomben angehäuft werden (zu denen der importierte „Problemmüll" aus den Industrienationen noch hinzuzurechnen ist).[23]

Die umweltbelastenden Substanzen sind zahlreich;[24] sie reichen von organischen Substanzen über Schwefeldioxid, Stickoxide, Kohlendioxid und Fluorchlorkohlenwasserstoffe bis zu Schwermetallen (Blei, Quecksilber, Cadmium) und immer neuen synthetischen Schadstoffen, einschließlich radioaktiver Abfälle. Krankheitserreger und giftige Chemikalien sind nicht nur im räumlichen Umfeld der Menschen verteilt,[25] sondern auch in vielen Produkten des täglichen Lebens enthalten, und zwar auch in den Nahrungsmitteln.[26]

Die Städte und die Industrien „entsorgen" sich vorzugsweise über die Luft, die Flüsse, die Küstengewässer und schlecht organisierte Müllkippen mit sehr prekären Kontrollen im Hinblick auf die Ablagerung giftiger und unhygienischer Substanzen. Um das Problem etwas plastischer zu verdeutlichen, werden im folgenden einige willkürliche Beispiele aufgeführt:

In Delhi werden täglich 500 Mio. Liter ungeklärter Abwässer in den Yamuna-Fluß geleitet; diese Menge ist erheblich größer als die „eigentliche" Wasserführung des Flusses.[27] Ebenfalls in Delhi leben schätzungsweise 200000 Menschen – zumeist Kinder – vom Müllsammeln. Für 12 Stunden Arbeit werden ca. DM 1,50 bezahlt. Da immer mehr chemische Substanzen auf dem Müll landen, steigt die Zahl der schweren und tödlichen Vergiftungen.[28]

In Mexico-City fallen jährlich ca. 650000 Tonnen Schadstoffe an, die über die Luft, die Flüsse, die Seen und die Kanäle „entsorgt" werden.[29] Die Luftverschmutzung in Mexico-City hat ein Ausmaß erreicht, das kaum noch erträglich ist.[30] Im Januar 1986 wurden in Mexico-City Giftkonzentrationen zwischen 349 und 1393 Mikrogramm pro Kubikmeter gemessen; der gesetzliche Grenzwert liegt bei 275. Trotzdem reagieren die Behörden nicht.[31]

In der brasilianischen Metropole São Paulo werden lediglich 10% der Abwässer geklärt; der Rest wird ungeklärt in die Flüsse Pinheiros und Tietê eingeleitet. Es wird geschätzt, daß in São Paulo lediglich 30% der Wohnungen an dieses rudimentäre städtische Abwassernetz angeschlossen sind und daß 70% der Wohnungen verborgene private Anschlüsse an die Regenwasserkanalisation haben.[32] Was das ökologisch bedeutet, kann man sich ungefähr vorstellen, wenn man bedenkt, daß sich der städtische Großraum über ein Gebiet von ca. 50 km Durchmesser erstreckt und daß hier rund 14 Mio. Menschen leben; im Jahre 2000 sollen es 22 Mio. sein.

Die 50 Kilometer von São Paulo entfernt liegende Industriestadt Cubatão gilt als einer der extremsten Fälle industrieller Umweltverschmutzung mit schwerwiegenden Konsequenzen für die Gesundheit der Bürger, die von Atemwegserkrankungen und Störungen der Immunabwehr über Schwermetallvergiftungen und Schädigungen des Nervensystems bis zu Mißbildungen reichen.[33] Die Vegetation in der Umgebung von Cubatão ist sichtbar geschädigt und zum Teil völlig verschwunden. Im Volksmund heißt diese Gegend „vale da morte" (Tal des Todes).

Die staatliche Umweltbehörde hat festgestellt, daß in Cubatão täglich 1000 Tonnen Schadstoffe über ein Gebiet von 30 Quadratmeilen niedergehen. Im Jahre 1984 wurden einhundertmal (d.h. durchschnittlich fast jeden dritten Tag) Schadstoffwerte von 240 Mikrogramm pro Kubikmeter Luft gemessen, ein Wert, der in Brasilien unter gesundheitlichen Aspekten als die Höchstgrenze gilt; häufig wurden jedoch 475 Mikrogramm gemessen, zwölfmal 625 und einmal sogar 875.[34]

Für die Belastung der Luft mit Kohlenmonoxid und Schwefeldioxid liegen folgende Angaben vor, die möglicherweise nicht ganz exakt sind, aber eine Vorstellung über die ungefähre Größenordnung vermitteln:[35]

Tabelle 5: Luftverschmutzung in ausgewählten Städten (Ende der 70er Jahre)

1. Kohlenmonoxid		*2. Schwefeldioxid*	
Tagesmittelwerte in ppm		Jahresmittelwerte in µg/m³	
Ibadan (Nigeria)	10,6	Ibadan	263
Caracas	25–30	Ankara	230
Bangkok	14–32	Bilbao	173
Berlin (West)	12,5	Berlin (West)	105
		New York	59
Grenzwert der WHO	8,6	Grenzwert der WHO	60

Quelle: Entnommen aus: Volkmar J. Hartje, Umwelt- und Ressourcenschutz in der Entwicklungshilfe: Beihilfe zum Überleben? Frankfurt 1982, S. 36. Vgl. die dort angegebenen Primärquellen.

Die genannten Beispiele sind keine Einzelfälle, sondern symptomatisch für die Umweltqualität der meisten größeren Städte der Dritten Welt, was aus vielen Einzelberichten sowie

Karte 2: Die größten Städte im Jahr 2025[36]

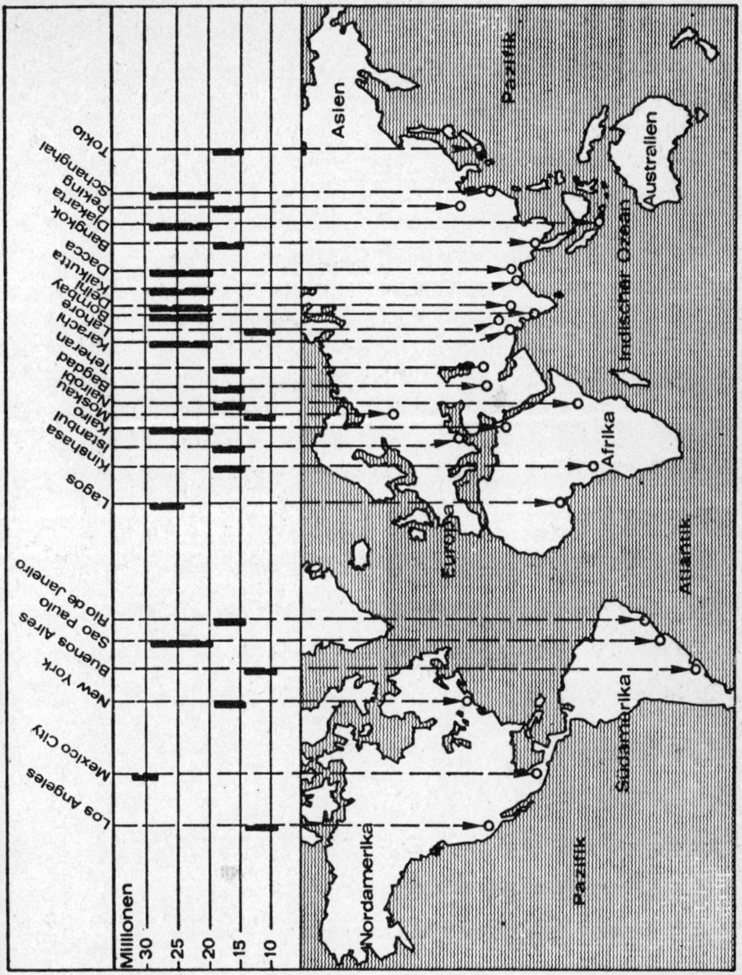

Quelle: Vicente Sanchez/Margarita Castillejos, Luftverschmutzung und Luftreinhaltepolitik in Mexiko-Stadt, in: Robert Goodland u. a., Umweltpolitik in der Dritten Welt, Aus Politik und Zeitgeschichte, Beilage zur Zeitschrift „Das Parlament", No. B 33–34, 17. 8. 1985, S. 25–31 (27).

aus den Gesamtdarstellungen des UNEP hervorgeht. Von einer urbanen Ökologie kann häufig gar nicht mehr die Rede sein.[37] Diese Entwicklung ist ganz besonders bedenklich, wenn man sich vergegenwärtigt, daß der Verstädterungsprozeß gerade in der Dritten Welt am extremsten verläuft (vgl. Karte 2).

Die Metropolen der Dritten Welt wachsen weitgehend chaotisch, zerstören die regionale und häufig auch überregionale ökologische Balance und produzieren für die Menschen ein Milieu von zunehmend schlechter Lebensqualität mit Luft- und Wasserverschmutzung, Lärm, Verkehrsproblemen, Reizüberflutung, Verbauung, Vermassung, architektonischem Gigantismus sowie einem Verlust an räumlicher Freizügigkeit und Ästhetik. Die großen Städte der Dritten Welt sind sicherlich die am schlimmsten mißglückten künstlichen Ökosysteme, welche die Menschheit bislang hervorgebracht hat, und zwar in einem rasanten Tempo, nämlich innerhalb der letzten 30 Jahre.

Sie sind nicht nur größer, dichter, lauter, häßlicher und schmutziger als jene der Industrienationen, sondern sie sind

Tabelle 6: Einwohnerzahl ausgewählter Metropolen der Dritten Welt zwischen 1960 und 2000 (in Mio.)

	1960	*1970*	*1975*	*2000*
Kalkutta	5,5	6,9	8,1	19,7
Mexico City	4,9	8,6	10,9	31,6
Bombay	4,1	5,8	7,1	19,1
Kairo	3,7	5,7	6,9	16,4
Djakarta	2,7	4,3	5,6	16,9
Seoul	2,4	5,4	7,3	18,7
Delhi	2,3	3,5	4,5	13,2
Manila	2,2	3,5	4,4	12,7
Teheran	1,9	3,4	4,4	13,8
Karachi	1,8	3,3	4,5	15,9
Bogotá	1,7	2,6	3,4	9,5
Lagos	0,8	1,4	2,1	9,4

Quelle: Council on Environmental Quality/Department of State (Hrsg.), The Global 2000 Report to the President, Washington 1980, Band 1, S. 12.

zumeist an ihrer Peripherie auch noch großräumiger zersiedelt und verbaut, so daß ein natürliches Umland als städtisches Erholungsgebiet weitgehend fehlt oder nur schwer erreichbar ist und die besondere ästhetische Qualität unverbauter Landschaft sowie natürlicher Biotope von einem großen Teil der städtischen Bevölkerung nicht erfahren werden kann.

Es besteht ein merkwürdiger Widerspruch zwischen der Konzentration des gesellschaftlichen Prozesses auf die Versorgung eines Teils der Bevölkerung mit Gütern bzw. Dienstleistungen des gehobenen Konsums und der Hinnahme von extremen Verschlechterungen der kollektiven Lebensqualität einschließlich unübersehbarer Risiken für die Gesundheit (z. B. Krankheiten als Folge mangelhafter kollektiver Hygiene, Vergiftungen, Allergien, genetische Störungen). Der Psychoanalytiker Alexander Mitscherlich hat diesen Widerspruch mit Blick auf die Lage „unserer Städte", die im Verhältnis zu den Metropolen der Dritten Welt über eine weitaus bessere Lebensqualität verfügen, folgendermaßen ausgedrückt:[38]

> „Der Zustand ist eigentlich gar nicht so sehr verschieden von der Lage in totalitären Ländern, in denen Gewünschtes zuweilen für lange Zeit fehlt, dafür Unbrauchbares in Massen vorhanden ist".

Verschmutzung und Vergiftung sind natürlich nicht auf die Städte beschränkt, sondern erstrecken sich auch auf die Gewässer und das Land. So sind z. B. die Gewässer in Coatzacoalcos-Minatitlan (im mexicanischen Bundesstaat Vera Cruz) mit Quecksilber, Zyanid und Öl nicht nur vergiftet, sondern regelrecht gesättigt.[39]

Vor 30 Jahren gab es in den Flüssen Mogi Guaçu und Piracicaba (im brasilianischen Bundesstaat São Paulo) jeweils 101 Arten von Fischen; heute gibt es im Mogi Guaçu noch acht und im Piracicaba drei.[40] Im März 1984 wurden im Rio São Francisco (Zentralbrasilien) 500 Tonnen Fische durch toxische Einleitungen vergiftet.[41] Solche Beispiele lassen sich aus dem gesamten Bereich der Dritten Welt in beliebiger Anzahl zusammenstellen, und zwar auch für die Binnenseen (z. B. den Maracaibo-See in Venezuela).

In vielen Regionen der Dritten Welt sind auch die Küstengewässer in einem Maße verschmutzt und vergiftet, daß ihr ökologisches Gleichgewicht extrem gefährdet ist.[42] Die Ursachen der Meeresverschmutzung sind: Schiffsverkehr, Abwassereinleitungen (Städte, Industrien, Verklappungen), Kühlwassereinleitungen, radioaktive Verseuchung, über die Atmosphäre herangetragene Giftstoffe, Schäden als Folge des Tiefseebergbaus (Sedimentwolken) und Verschmutzung durch Öl (Bohrungen und Transporte).[43] Wie wenig Sensibilität gegenüber der Meeresverschmutzung besteht, ist in bezug auf die Nordsee und das Mittelmeer hinlänglich bekannt. Folgender Fall wäre in Europa aber wohl nicht (mehr) möglich:

In der mexicanischen Presse wurde im Juli 1984 von dem Plan der US-Behörden berichtet, 300 000 Tonnen hochgiftiger Chlorverbindungen auf offener See im Golf von Mexico zu verbrennen; diese Art der „Entsorgung" habe den Vorteil, daß auf diese Weise die restriktiven Auflagen, die für das Territorium der USA gelten, umgangen würden und daß die toxischen Abbauprodukte (möglicherweise Dioxine), die bei der Verbrennung anfallen, ohne staatliche Kontrollen an die Umwelt abgegeben werden könnten.[44]

Zwar gibt es mehrere internationale Abkommen gegen die Meeresverschmutzung, aber ihre Wirkung ist bislang gänzlich unzureichend, weil sie mehr den Charakter von Grundsatz- und Absichtserklärungen als von bindendem Recht mit entsprechenden Sanktionsmöglichkeiten haben.[45]

4. Die Vernichtung landwirtschaftlicher Nutzfläche und die Zerstörung der natürlichen Bodenfruchtbarkeit

Zwischen 1882 und 1952 vergrößerten sich die Wüsten und wüstenähnliche Gebiete der Erde von 11 auf 26 Mio. km^2, d.h. um 140%. Inzwischen haben sie sich weiter ausgedehnt und summieren sich zu rund einem Viertel der festen Erdoberfläche. Gleichzeitig verminderte sich die noch nutzbare Brachlandreserve von 18 auf 2,2 Mio. km^2, womit ihre Ausschöpfung in Sicht ist.[46] Im Jahre 2000 werden sich die Wüsten gegenüber 1975 um weitere 20% ausgedehnt haben.[47]

Karte 3: Die Ausbreitung der Wüsten

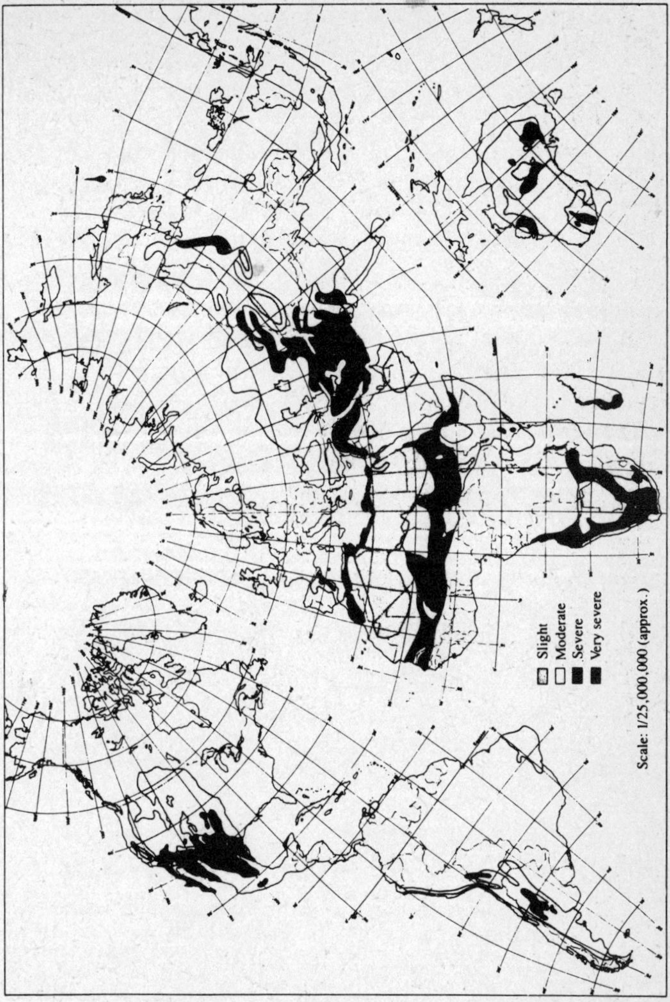

Quelle: Council on Environmental Quality/Department of State (Hrsg.), The Global 2000 Report to the President, Washington 1980, Band 1, S. 34. Diese Karte wurde auf der „U.N. Desertification Conference" von 1977 vorgelegt. Sie ist leider auch im Original von sehr schlechter graphischer Qualität, was die Unterscheidung der verschiedenen Verwüstungsgrade anbelangt; sie erlaubt aber zumindest einen Überblick über jene Regionen, in denen die Situation ernst und sehr ernst ist (schwarze Flächen).

Nach Angaben des UNEP (Regionalbüro Bangkok) sind 34% der Landmasse Asiens mehr oder weniger verwüstet; in Australien sind es 75%, in Afrika 55%, in Südamerika 20%, in Nord- und Mittelamerika 19% und in Europa 2%. Die Zahl der Menschen, deren Lebensunterhalt direkt von der Verwüstung bedroht wird, ist zwischen 1977 und 1986 – d.h. innerhalb von knapp zehn Jahren – von 57 auf rund 150 Millionen angestiegen.[48]

Allein in Brasilien, das zur Zeit der Entdeckung fast völlig bewaldet war, sind große wüstenähnliche Trockensteppen (im Nordosten) sowie zahlreiche neue „Wüsteninseln" entstanden (z.B. im Amazonasgebiet, in Minas Gerais, Mato Grosso/Poconé, Paraná/Paranavaí/Londrina, Santa Catarina/Criciúma und Rio Grande do Sul/Alegrete).[49]

Diese Entwicklung ist unter anderem deswegen besorgniserregend, weil sich die landwirtschaftliche Nutzfläche pro Kopf der Bevölkerung verringert: Der summierte Effekt von

Schaubild 1: Landwirtschaftliche Nutzfläche pro Kopf, 1955, 1975 und 2000 (geschätzt)

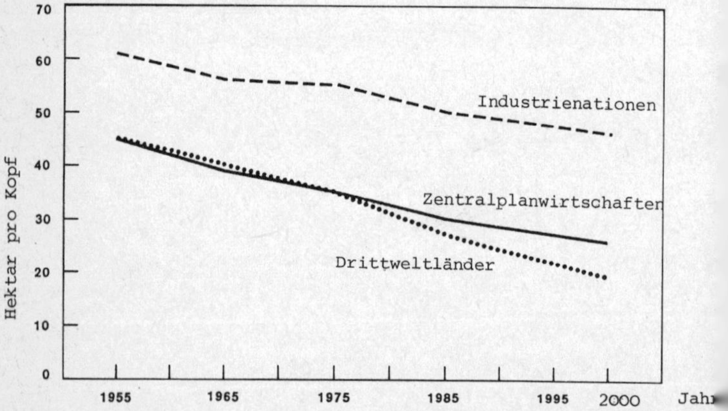

Quelle: Entnommen aus: Council on Environmental Quality/Department of State (Hrsg.), The Global 2000 Report to the President, Washington 1980, Band 1, S.40.

Bevölkerungswachstum und Zerstörung von landwirtschaftlicher Nutzfläche wirkt sich stärker aus als die Neugewinnung von landwirtschaftlicher Nutzfläche (die ohnehin in absehbarer Zeit an eine natürliche Grenze stoßen wird; s. oben).

Was eine solche Entwicklung im konkreten Fall bedeutet, beleuchtet eine Studie der Landwirtschaftsorganisation der Vereinten Nationen FAO (United Nations Food and Agriculture Organization): Wenn die gegenwärtigen Tendenzen anhalten sollten, werde Afrika im Jahr 2010 über rund 30% weniger Nahrung pro Kopf als im „Katastrophenjahr" 1985 verfügen. Die Länder Nordafrikas würden dann statt 55 nur noch 34% ihres Getreidebedarfs produzieren, in Schwarzafrika würde der Anteil von gegenwärtig 85 auf 58% absinken.[50] Die Projektionen für den Getreidekonsum pro Kopf sind folgende:

Tabelle 7: Getreidekonsum pro Kopf (kg), 1975 und 2000 (geschätzt)

	1975	*2000*	*Zuwachs in %*
USA	748	1112	49
Westeuropa	443	549	24
Sowjetunion und Osteuropa	783	966	23
Andere Industrienationen	368	503	37
Lateinamerika	238	278	17
Afrika und Naher Osten	192	192	0
Asien und Ozeanien	194	221	14

Quelle: Zusammengestellt nach: Council on Environmental Quality/Department of State (Hrsg.), The Global 2000 Report to the President, Washington 1980, Band 1, S. 22. Der Getreidekonsum schließt Futtermittel ein.

Es zeigt sich, daß die Regionen der Dritten Welt, die ohnehin ein vergleichsweise niedriges Konsumniveau aufweisen, nur geringe Steigerungen erzielen werden; Afrika wird sogar auf dem Niveau von 1975 bleiben. Solche Zahlen verdeutlichen einmal mehr, daß die Idee einer „nachholenden Entwicklung" für die meisten Staaten der Dritten Welt heute bereits aus ökonomischen und in absehbarer Zeit aus ökologischen Gründen weitgehend illusorisch ist. Anstelle der allseits gepriesenen

Entwicklung zeichnen sich besorgniserregende Tendenzen im sozialen wie im ökologischen Bereich ab.

Die Vernichtung von landwirtschaftlicher Nutzfläche hat in erster Linie anthropogene Ursachen (Abholzung; übermäßige bzw. fehlerhafte Nutzung; ungeeignete Bewässerungsmethoden). Zum Teil erfolgt diese Ressourcenzerstörung aus Not,[51] zum anderen Teil als Folge der Modernisierung der Landwirtschaft, z. B. im Falle der sogenannten grünen Revolution.

Die Folgen der grünen Revolution waren keineswegs nur positiv: Viele Länder manövrierten sich in eine starke Abhängigkeit von Düngemittel-, Pestizid- und Saatgutimporten; traditionelle Anbaumethoden wurden verdrängt und gerieten in Vergessenheit; die ländliche Selbstversorgungswirtschaft mit einer kleinräumigen, örtlich angepaßten Polykultur wurde zerstört; statt dessen wurde vorzugsweise für überregionale Märkte produziert; große Flächen wurden zu einseitig und zu intensiv genutzt, so daß vielfältige ökologische Schäden auftraten (Überdüngung, Vergiftung, Verdichtung, Störungen des Wasserhaushalts, Artenschwund, Resistenz von Schädlingen u. ä.).

Es ist in diesem Zusammenhang erwähnenswert, daß im Zuge der grünen Revolution in der Regel kapital- und weniger arbeitsintensive Betriebe bevorzugt wurden, so daß häufig mehr Arbeitsplätze zerstört als geschaffen wurden. Die Grenzen der modernen Agrotechnik zeigen sich auch in den optisch ansprechenden, aber qualitativ und geschmacklich höchst mangelhaften landwirtschaftlichen Produkten, die zum Teil mit erheblichen Schadstoffmengen belastet sind.

Hervorzuheben ist ebenfalls die Tatsache, daß der zunehmende Einsatz von hochgezüchteten Hybridpflanzen, deren Samen nicht zur Aussaat taugen, zu einer chronischen Abhängigkeit der Bauern von Saatguteinkäufen geführt hat. Gleichzeitig entstand ein zunehmender Zwang zum Einsatz landwirtschaftlicher Chemikalien, da solche hochgezüchteten Monokulturpflanzen besonders anfällig für Schädlinge sind und diese aufgrund des gestörten ökologischen Gleichgewichts von Monokulturen auch noch verstärkt anziehen.[52]

Der massive Einsatz von Maschinen, Kunstdünger, Herbiziden und Insektiziden hat nicht nur zu einer weiträumigen Zerstörung der Landwirtschaft („Flurbereinigung") und zur Verdichtung, Vergiftung und Verödung der Böden geführt, sondern paradoxerweise bewirkt, daß die Landwirtschaft „Netto-Importeur" von Energie geworden ist, d.h. häufig mehr an künstlich zugeführter Energie bedarf als in den betreffenden landwirtschaftlichen Produkten enthalten ist.[53]

Als besonders ernst werden die Konsequenzen des übermäßigen Einsatzes von landwirtschaftlichen Chemikalien eingeschätzt:[54] Belastung des Grundwassers mit Schadstoffen, wachsende Resistenz der Schädlinge, zunehmende Anfälligkeit der Kulturen für Sekundärschädlinge, gesundheitliche Risiken für die Landarbeiter und Rückstände in den Nahrungsmitteln.

Häufig führt der übermäßige Einsatz von landwirtschaftlichen Chemikalien auch zu einem Rückgang der natürlichen Bodenfruchtbarkeit, der durch weitere, zum Teil bereits erwähnte Faktoren verstärkt wird: fehlende Bodenruhe (Brache); mangelnde organische Düngung (Humusbildung); fehlerhafte Fruchtfolge (z.B. Halmfrucht nach Halmfrucht); Maschineneinsatz (Bodenverdichtung und mangelnde Durchlüftung); Abtragung der Humusschicht durch Erosion.

In vielen Regionen der Dritten Welt ist das ökologische Gleichgewicht bereits so gestört, daß die landwirtschaftliche Produktion ohne einen hohen Einsatz an landwirtschaftlichen Chemikalien gar nicht mehr möglich ist, abgesehen davon, daß es die Bauern und Landarbeiter zum großen Teil bereits verlernt haben, das Land umweltverträglicher zu bewirtschaften.

III. Ursachen und Konsequenzen

1. Globale Ursachen

Um die Chancen für eine Trendwende abzuschätzen und die Art möglicher Gegenmaßnahmen zu bestimmen, ist es erforderlich, auf die Ursachen der ökologischen Problematik in der Dritten Welt einzugehen. Es gibt viele solcher Ursachen; manche liegen auf ganz unterschiedlichen Niveaus, andere sind miteinander verwandt und bedingen sich gegenseitig. Einige der Ursachen sind global, betreffen also auch die Umweltproblematik der Industrienationen; andere sind spezifisch für die Dritte Welt bzw. kleinere Regionen dieses Großraums.

Die globalen Ursachen der Umweltproblematik hängen im wesentlichen mit dem seit dem Ende des Feudalismus vorherrschenden Zivilisationsmodell zusammen; es ist u.a. energieintensiv, konsumintensiv, technologisch innovativ und auf betriebswirtschaftliche Gewinnmaximierung sowie volkswirtschaftliches Wachstum ausgerichtet. Die ständige Dynamisierung und weltweite Durchsetzung dieses Modells – bei gleichzeitiger Zunahme der Weltbevölkerung – führen an die Grenzen der materiellen Verfügbarkeit und natürlichen Belastbarkeit unseres Planeten. Weltweites exponentielles Wachstum innerhalb eines endlichen Raums ist aus ökologischer Sicht langfristig nicht möglich, denn es führt letztlich zur Ausplünderung und Zerstörung der Erde („Terracid") und vermindert die Lebenschancen künftiger Generationen.[1] Unter diesem Aspekt gibt es einen auffälligen Mangel an individueller und kollektiver Vernunft, und zwar nicht nur in bezug auf die „Kosten", sondern auch auf den „Nutzen" des gegenwärtigen zivilisatorischen Prozesses, dessen vermeintliche Segnungen in vielerlei Hinsicht mehr die Züge eines Alptraums als einer positiven Utopie bekommen.

Dieses Zivilisationsmodell, im Rahmen dessen das gesamte belebte und unbelebte Inventar der Erde – und zwar auch die Menschen – vorzugsweise unter dem ökonomischen Aspekt betrachtet und nach Möglichkeit „inwertgesetzt“ wird, betrifft bekanntlich nicht allein den sogenannten Kapitalismus: Der bürokratisch geprägte Sozialismus sowjetischen Typs hat diese Position keineswegs überwunden, sondern im Gegenteil geradezu auf die Spitze getrieben. Im „realen Sozialismus“ ist ja nicht alles anders, sondern vieles erstaunlich ähnlich, aber zumeist schlechter.

Der Primat der Ökonomie führt tendenziell zu einer Verkümmerung der Umweltwahrnehmung und zu einer Wertblindheit in bezug auf die nicht-ökonomischen Dimensionen unseres Milieus und unseres Lebens. Der laufende zivilisatorische Prozeß wird von einer ethischen und ästhetischen Krise begleitet, die im Umgang mit der Umwelt vielleicht ihren sichtbarsten Ausdruck findet.[2]

Die Durchökonomisierung der Welt und die Materialisierung aller Bereiche haben zu einigen ideologischen Kurzschlüssen geführt, unter anderem zu einer verbreiteten Gleichsetzung von wirtschaftlicher Entwicklung und Verbesserung der Lebensbedingungen. Zwischen beiden besteht sicherlich eine Beziehung, aber keineswegs eine automatische Parallelität (häufig sogar eine negative Korrelation). Die negativen Konsequenzen der wirtschaftlichen Entwicklung für das Leben des einzelnen Menschen, das menschliche Zusammenleben, die Umwelt und das Ressourcenpotential werden bei dem aufgeregten Tanz um das goldene Kalb häufig unterschätzt.

Hinsichtlich der Beziehung zwischen Wirtschaft und Gesellschaft lautet die in der modernen Gesellschaft vorherrschende Fragestellung: Wie muß die Gesellschaft organisiert („angepaßt“) werden, um ein wirtschaftliches Optimum zu erzielen? Aus dieser Perspektive wird die Wirtschaft wichtiger als die Lebensqualität und häufig sogar wichtiger als das Leben selber. Wie sehr die Fixierung auf Rentabilität zu einer wahren Barbarei führt, kann nicht nur eindrucksvoll durch die Wirtschafts- und Sozialgeschichte belegt werden, sondern auch in der Gegenwart weltweit sehr plastisch erfahren werden. Dies gilt nicht nur für die Produzenten,[3] sondern auch für eine Mehrheit von Konsumenten, die ihre Bedürfnisse ohne besondere Rücksicht auf eventuelle Bedenken sozialer und ökologischer Art durchsetzen:

„Der Käufer versucht letzten Endes nur, günstig an die Waren zu kommen. Ihn interessiert der Ursprung der Waren oder die Bedingungen nicht, unter denen sie hergestellt wurden. Es geht ihm einzig darum, den höchstmöglichen Gegenwert für sein Geld zu bekommen."[4]

Ressourcenplünderung und Umweltzerstörung werden zugunsten der Sicherung und Verbesserung des individuellen Lebensstandards im allgemeinen in Kauf genommen, auch wenn es sich nur um die Befriedigung ausgesprochen oberflächlicher Bedürfnisse handelt. Je mehr individuelle Konsumwünsche jedoch massenhaft befriedigt werden, um so mehr entsteht ein Milieu, das für die meisten Menschen an Lebensqualität verliert, abgesehen davon, daß die Summe aller Konsumwünsche in keinem Verhältnis zur materiellen Verfügbarkeit und natürlichen Belastbarkeit unseres Planeten steht.

Unter ökologischen Vorzeichen ist ein großer Teil der Nachfrage in der Industriegesellschaft unnötig und alimentiert eine Produktionsstruktur, die technisches Wissen, Kapital, Grund und Boden, Maschinen und Rohstoffe einer sinnvolleren Verwendung entzieht. Sobald etwas technisch möglich ist, gibt es eine entsprechende Nachfrage. Aber müssen wir wirklich in vier Stunden über den Atlantik fliegen? Müssen wir Rindfleisch aus Argentinien essen? Müssen wir zehn Fernsehprogramme haben? Müssen die Straßenbanquette maschinell gemäht werden? Brauchen wir elektrische Brotmesser und modische Geländewagen mit Allradantrieb? Müssen wir die Erde nicht nur einmal, sondern gleich mehrere Male vernichten können? Usw. usw.

Von den vielen individuellen Freiheiten, die überall reklamiert werden, sind die meisten nicht nur höchst banal, sondern darüber hinaus ökologisch nachteilig, wie z. B. die Freiheit, mit 200 Stundenkilometern über die Autobahn zu rasen, oder die Freiheit, den eigenen Garten zu vergiften und ihn zu einem Gebilde zurechtzuschneiden, das mehr an ein kleinbürgerliches Wohnzimmer als an ein Stück Natur erinnert. Derartige Beispiele ließen sich beliebig aufzählen. Sie zeigen, daß zahlreiche Bedürfnisse des einzelnen Bürgers unter ökologischen Vorzeichen völlig unzureichend diszipliniert sind.

Als Sokrates einmal über den Markt ging, soll er gesagt haben: „Wie viele Dinge gibt es doch, die ich nicht brauche" (wohlgemerkt vor über 2000 Jahren!). Es setzt wohl sehr viel Reflexion und Selbsterkenntnis voraus, um „echte" von „unechten" Bedürfnissen unterscheiden zu können, und die größte Kulturleistung besteht wohl darin, diesbezüglich einen gesamtgesellschaftlichen Konsens herbeizuführen.

Hinsichtlich der Beziehung zwischen Wirtschaft und Gesellschaft lautet die eigentlich interessante Frage: Wie muß die Wirtschaft organisiert („angepaßt") werden, um ein gesellschaftliches Optimum – d.h. ein Optimum an kollektiver Lebensqualität – zu erzielen, und zwar im Hinblick auf die Dimensionen der Existenzsicherung, der Sozialverträglichkeit und der Umweltfreundlichkeit? Gewiß ist es so, daß der wirtschaftliche Prozeß in den Industrienationen bereits in vielen Bereichen im Sinne des Allgemeinwohls diszipliniert wurde, aber vom möglichen Optimum – vor allem in ökologischer Hinsicht – ist der gegenwärtige Zustand sicherlich noch weit entfernt, ganz zu schweigen von der Situation, die in der Dritten Welt vorherrscht.

Eine Verantwortung für die verbreitete „Ökonomisierung" des Bewußtseins kommt auch den Wirtschaftswissenschaften zu, die sich ja vorzugsweise mit den quantitativen und nur selten mit den qualitativen Aspekten der wirtschaftlichen Entwicklung befassen. Wachstum wird per se als positiv gesehen, wobei kaum eine Rolle spielt, welche Lebensqualität daraus resultiert.

Die Wirtschaftswissenschaften sind reich an Argumenten, aber arm an Sinn. Was hilft es, Profite zu machen, zu handeln, neue Anlagen zu bauen, ständig neue Produkte zu erfinden und tausend überflüssige Erzeugnisse bzw. Dienstleistungen zu konsumieren, wenn dabei die konkreten Lebensbedingungen und das Lebensgefühl der Menschen schlechter statt besser werden?

Seitens der Wirtschaftswissenschaften – wie generell der Sozialwissenschaften – wird diese Abstinenz in Sinnfragen mit der durch Max Weber berühmt gewordenen Forderung nach der sogenannten Werturteilsfreiheit gerechtfertigt. Daß eine solche Forderung nicht aus der Luft gegriffen ist, zeigt die Geschichte: Ein besonders dunkles Kapitel der kulturellen Entwicklung ist ja in der Tat die Unterdrückung, Vergewaltigung und Verfälschung der Wissenschaft durch Interessen, Ideologien und Religionen. Aus dieser Erkenntnis wird aber die falsche Konsequenz gezogen, daß die Sozialwissenschaften für die praktischen Konsequenzen ihrer Theorien nicht haftbar seien. In diesem Fall stehlen sie sich nämlich aus einer Verantwortung, die ihnen aufgrund ihrer fachlichen Kompetenz zuwächst. Wer soll sozial und ökologisch akzeptable Wirtschaftsmodelle entwerfen, wenn nicht die Wirtschaftswissenschaftler selber? Oder soll die Theorie von Experten, die Praxis aber von Laien verantwortet werden?

Wenn hervorgehoben wird, die Wirtschaft richte sich nach der Nachfrage, d.h. sie produziere das, was von der Bevölkerung letztlich gewünscht wird, so gilt dies im ökonomischen Sinne natürlich nur mit der Einschränkung auf die kaufkräftige Nachfrage. In bezug auf den ökologischen Bereich gibt es darüber hinaus eine Nachfrage, die keine Industrie befriedigen kann, nämlich die Nachfrage nach einer langfristigen und sicheren Rohstoff- und Energieversorgung, unverbauter Landschaft, artenreichen Biotopen, Böden mit natürlicher Fruchtbarkeit, sauberen Gewässern, reiner Luft, schönen und humanen Städten sowie rückstandsfreien Lebensmitteln. Diese Güter werden durch die modernen Gesellschaften nicht produziert, sondern im Gegenteil zunehmend gefährdet bzw. zerstört. Unter diesem Aspekt ist das gegenwärtige Zivilisationsmodell in eigenartiger Weise paradox, denn es führt – zumindest in den Entwicklungszentren – zu einer Steigerung des individuellen Lebensstandards, aber gleichzeitig zu einer tendenziellen Verschlechterung der kollektiven Lebensqualität. Entsprechend bringt die Hinnahme weitreichender individueller Entfaltungsmöglichkeiten ein Milieu hervor, in dem die Entfaltungsmöglichkeiten von immer mehr Menschen eingeschränkt werden.

Auch das Problem der Verringerung des Ressourcenpotentials findet in den volks- und weltwirtschaftlichen Theorien keinen besonderen Niederschlag, wobei es einige bemerkenswerte Ausnahmen gibt.[5] Sofern das Problem überhaupt auftaucht, wird im allgemeinen davon ausgegangen, daß die technologische Entwicklung mit Substitutions- und Recyclingverfahren etwaige Ausfälle kompensieren werde. Angenommen – aber damit noch nicht zugegeben –, daß diese These richtig wäre, müßte sie sicherlich einschränkend für die Industrienationen formuliert werden. Die Länder der Dritten Welt, welche die Industrienationen jahrhundertelang mit Rohstoffen versorgt haben – deren Preise von den Industrienationen weitgehend selber bestimmt wurden –, werden nach der Erschöpfung dieser Rohstoffe gezwungen sein, die Substitutions- und Recyclingtechnologien zu importieren, und zwar wiederum zu Preisen, welche die Industrienationen bestimmen werden.

Ein besonderes Problem dieser Entwicklung besteht darin, daß sie durch die wirtschaftliche Konkurrenz begünstigt, wenn nicht sogar erzwungen wird, und zwar nicht durch die wirtschaftliche Konkurrenz innerhalb der einzelnen Länder, sondern im internationalen Maßstab. Die Disziplinierung des zivilisatorischen Prozesses nach ökologischen Kriterien setzt eine Ethik des Verzichts voraus, und diese betrifft unter anderem Verzicht auf maximale Rendite und maximales Wachstum, Verzicht auf maximalen privaten und kollektiven Konsum, Verzicht auf ungezügelte Modernisierung und Erschließung und impliziert außerdem hohe Zusatzinvestitionen schadensverhindernder und schadensbegrenzender Art. Es versteht sich, daß derartige Maßnahmen politisch schwer durchsetzbar sind, und zwar ganz besonders in der Dritten Welt, deren Wirtschaft sich ohnehin in einer chronischen Krise befindet und um internationale Konkurrenzfähigkeit kämpfen muß.

Entgegen modischen Beteuerungen gibt es im Rahmen des vorherrschenden Zivilisationsmodells sehr wohl einen Widerspruch zwischen Ökonomie und Ökologie, und zwar so lange, wie sich die absehbare Verknappung der Rohstoffe nicht in einer präventiven Preissteigerung im Sinne einer Verringerung des Potentials[6] niederschlägt, und solange die Nutzung bzw. die Schädigung der sogenannten freien Güter nicht im Sinne des Verursacherprinzips in die wirtschaftliche Kalkulation eingeht. Der nach wie vor ungelöste Widerspruch zwischen Ökonomie und Ökologie zeigt sich unter anderem darin, daß es den „systemimmanenten" Ökonomen bislang nicht gelungen ist, eine ökologisch akzeptable Gesellschaft zu entwerfen, daß aber umgekehrt auch die Ökologen nicht in der Lage sind, eine Gesellschaft zu entwerfen, die mit der vorherrschenden Wirtschaftsrationalität vereinbar wäre. Die Rolle der Ökologie in der gegenwärtigen Gesellschaft ist nicht systemkonstitutiv, sondern allenfalls schadensbegrenzend und schadensreparierend. Auf einer Ökologie-Tagung wurde die Funktion der Ökologen sehr treffend mit derjenigen von Sanitätern in einem Krieg verglichen.[7]

Ein merkwürdiger Aspekt des gegenwärtigen Zivilisationsmodells betrifft einen häufig zu beobachtenden Widerspruch zwischen der Rationalität im Kurzfristigen und der Irrationalität im Langfristigen;[8] parallel dazu gibt es einen Widerspruch zwischen der Rationalität der Mittel und der Irrationalität der Ziele. Während die kurzfristigen Probleme im politischen und wirtschaftlichen Bereich zumeist mit großem Scharfsinn und Elan angegangen werden, bleibt das langfristige Ziel – das die Sinnfrage mit einschließt – häufig merkwürdig diffus oder ganz und gar utopisch. Obwohl bereits heute die Verknappung zahlreicher Ressourcen absehbar ist und sich immer deutlicher großräumige ökologische Katastrophen abzeichnen, konzentriert sich die Politik weiterhin vorzugsweise auf aktualitätsbezogene Probleme, und die Wirtschaft funktioniert vorrangig nach mittelfristigen Rentabilitätskriterien.

Entsprechend gibt es auch einen merkwürdigen Widerspruch zwischen der Rationalität im Kleinen und der Irrationalität im Großen. Die Einzelheiten ergeben häufig Sinn, aber nicht das Ganze. Was im Leben kleiner Gemeinschaften – etwa in der Familie – gerügt und bestraft wird, wird im großen Maßstab häufig hingenommen, z.B. Luftverschmutzung, Lärmentwicklung, Landschafts- und Naturzerstörung, Vernichtung der Artenvielfalt, Tierquälerei, Ressourcenvergeudung, übermäßiger Einsatz von Umweltgiften, Gefährdung des Grundwassers, Transport und Lagerung hochgiftiger Stoffe usw. „Kleine Umweltsünden" – wie wilde Müllkippen im Wald oder Hundekot auf der Straße – erregen viele Bürger mehr als die großräumige Milieuschädigung – wie die Schwermetallvergiftung der Böden oder die Übersäuerung des Regens. Sicherlich spielt dabei die Verinnerlichung gesellschaftlicher Machtverhältnisse eine Rolle, d.h. „die Großen dürfen mehr als die Kleinen", oder wie der Volksmund sagt: Die Kleinen lassen sie hängen, die Großen lassen sie laufen.

Eine wichtige Eigenart der menschlichen Gattung im Gegensatz zu vielen Tierarten besteht bekanntlich darin, daß sich die individuelle Intelligenz durch die Kooperation mehrerer Individuen potenzieren läßt. Wenn dies in größeren gesellschaftlichen Systemen geschieht, entsteht dabei eine neue Qualität von Intelligenz, nämlich ein Komplex von Zivilisation und Kultur, der eine gewisse Eigendynamik bekommt und von einzelnen Individuen nicht mehr überblickt, geschweige denn kontrolliert werden kann. Hoimar von Ditfurth spricht diesbezüglich von einer „überindividuellen Systemintelligenz".[9] Diese kollektive Intelligenz ist zwar hochkompliziert, aber häufig erstaunlich irrational und unvernünftig, was an der menschlichen Geschichte seit ihren Anfängen bis in unsere Gegenwart ablesbar ist. Im Gegensatz zum einzelnen Menschen, der sein Verhalten in der Regel nach den Kriterien der Lebenshaltung und -verbesserung ausrichtet und es häufig mit moralischen Grundsätzen zusätzlich kontrolliert, ist das Verhalten von Kollektiven nicht selten autodestruktiv und mehr an „Sachzwängen" – d.h. an gesellschaftlich relevanten Interessen – als an moralischen Kategorien orientiert.

Ein damit zusammenhängendes Problem besteht in der zunehmenden Komplexität und Anonymität des zivilisatorischen Prozesses, der zu großräumiger Integration, aber gleichzeitig zu kleinräumiger Desintegration führt. Die laufende Durchdringung traditional gewachsener Gemeinschaften durch übergreifende politische und wirtschaftliche Systeme hat zu einem Verlust an lokaler Eigenverantwortlichkeit und emotionaler Ortsbindung geführt. Auch der Sinn für das „menschliche Maß" ging weitgehend verloren.[10] Die gesellschaftliche Entwicklung wurde zunehmend kompliziert und unüberschaubar und bekam mehr und mehr den Charakter eines Zufallskonglomerats von vielen mehr oder weniger anonymen – häufig überregionalen – Interessen ohne besonders wirksame Kontrollen im Hinblick auf die lokale und langfristige Qualität dieses Prozesses.

Die liberale Vorstellung, wonach die optimale Durchsetzung einzelner Interessen zugleich ein gesellschaftliches Optimum hervorbringt („unsichtbare Hand"), ist nicht nur in wirtschaftlicher und sozialer, sondern auch ganz besonders in ökologischer Hinsicht eine Fehlannahme. Viele gesellschaftliche Entscheidungen werden gefällt (oder nicht gefällt), und viele Neuerungen werden eingeführt, ohne daß deren Konsequenzen ausreichend überblickt und bedacht werden. Negative Aspekte dieser Entwicklung im sozialen, ethischen, ästhetischen oder ökologischen Sinne werden mit einem gewissen Fatalismus hingenommen. Es lohnt sich z. B., darüber nachzudenken, welche materiellen, ökologischen und ästhetischen Kosten die Einführung des Kraftfahrzeugs als Massenverkehrsmittel verursacht hat. Die betreffende Entscheidung wurde von vielen Einzelpersonen getroffen, obwohl sich kaum jemand über die kollektiven Kosten Gedanken gemacht hat. So ist es häufig: Was technisch machbar ist, wird erst einmal gemacht, gleichgültig, wie sich das später auswirken mag. So ging das vom Schießpulver über das Kraftfahrzeug bis zum DDT, und so geht das auch heute weiter mit der Kernenergie, der Gentechnologie und der Militarisierung des Weltraums.

Realistische und erstrebenswerte Zukunftsvisionen, die als Zielvorgabe dienen könnten, bleiben eigenartig vage. Es gibt viel Einzelverantwortung, aber wenig Gesamtverantwortung. Letzteres gilt, wie erwähnt, auch für die Wissenschaften, die ungeachtet möglicher sozialer, politischer, ethischer und ökologischer Konsequenzen in alle Richtungen expandieren, aber eine Verantwortung für die Verwendung ihrer Erkenntnisse häufig ablehnen und diese den Praktikern sowie den Politikern zuschieben, die sie zwar gelegentlich verbal annehmen, damit aber nicht selten überfordert sind.

Die weltweite ökologische Problematik beruht also zu einem wesentlichen Teil auf den autodestruktiven Tendenzen des vorherrschenden Zivilisationsmodells. Es kann mit einem hoch potenten und wunderbar gestylten Kraftfahrzeug verglichen werden, das einen kleinen Konstruktionsfehler hat: Die Auspuffgase werden nach innen geleitet und vergiften den Fahrer. In diesem Zusammenhang darf die Rolle des Staates nicht unerwähnt bleiben. In den meisten Ländern neigt der Staat in Umweltfragen zu einer halbherzigen Beschwichtigungs- und Verdrängungspolitik. Es ist jedoch naiv, vom Staat eine Prioritätensetzung zugunsten ökologischer Probleme zu erwarten, solange die gesellschaftlich dominanten Interessengruppen wirtschaftliche Prioritäten haben und auf einen quantitativen Fortschrittsbegriff fixiert sind. Obwohl der Staat in zunehmender Weise ökologische Kompetenzen an sich zieht und den gesellschaftlichen Prozeß über die Gesetzgebung diesbezüglich zu disziplinieren versucht, bleiben die Erfolge der staatlichen Umweltpolitik sehr bescheiden, solange konkurrierende Ressorts das Übergewicht haben und die Umweltpolitik auf die Funktionen einer (schlecht ausgerüsteten) Feuerwehr beschränkt ist.

Wenn man die genannten Punkte im Zusammenhang mit der explosionsartigen Zunahme der Weltbevölkerung und dem steigenden technologischen „Niveau“ der Umweltzerstörung und Ressourcenplünderung betrachtet, so hat man damit die wichtigsten globalen Ursachen der ökologischen Problematik erfaßt.

2. *Regionale Ursachen*

Bisher war die Rede von einigen allgemeinen Merkmalen des vorherrschenden Zivilisationsmodells, die sowohl für die Industrienationen wie für die Dritte Welt mehr oder weniger zutreffend sind. Im folgenden werden einige Aspekte ergänzt, die überwiegend auf die Dritte Welt beschränkt sind.

An erster Stelle ist die explosionsartige Vermehrung der Bevölkerung hervorzuheben. Zwischen 1975 und 2000 wird die Weltbevölkerung schätzungsweise um 55% zunehmen (gleichzeitig wird sich die landwirtschaftliche Nutzfläche vermutlich um lediglich 4% ausdehnen).[11] Die Projektionen für die Dritte Welt sind wie folgt:

Tabelle 8: Bevölkerung, Bruttoinlandsprodukt und Pro-Kopf-Einkommen in der Dritten Welt, 1975 und 2000 (geschätzt)

	1975	*2000*	*Steigerung in %*
Bevölkerung (Mio.)	2959	5028	70
Bruttoinlandsprodukt (Mrd. US-$ von 1975)	1133	3452	205
Pro-Kopf-Einkommen (US-$ von 1975)	382	686	80

Quelle: Zusammengestellt nach Council on Environmental Quality/Department of State (Hrsg.), The Global 2000 Report to the President, Washington 1980, Band 1, S. 9, 15, 16. (In der genannten Quelle ist die betreffende Spalte mit „less developed countries“ überschrieben). Das Pro-Kopf-Einkommen für das Jahr 2000 ist in der genannten Quelle fälschlich mit 587 US-Dollar angegeben.

Zwischen 1975 und dem Jahr 2000 – d. h. innerhalb von 25 Jahren – wird die Bevölkerung in der Dritten Welt um ca. 70% zunehmen; gleichzeitig werden das Bruttoinlandsprodukt um 205% und das Pro-Kopf-Einkommen um 80% ansteigen, d. h. der Druck auf die Umwelt und auf die Ressourcen wird quantitativ und qualitativ beträchtlich stärker werden. Während es 1975 in der Dritten Welt lediglich vier Staaten (China, Indien, Indonesien, Brasilien) mit mehr als 100 Mio. Einwohnern gab, werden es im Jahr 2000 acht sein: China 1329 Mio., Indien 1021, Indonesien 226, Brasilien 226, Bangladesh 159, Pakistan 149, Nigeria 135 und Mexico 131.[12]

Bekanntlich hängt das starke Bevölkerungswachstum in der Dritten Welt wesentlich mit absoluter Armut zusammen, da eine hohe Kinderzahl im marginalen sozio-ökonomischen Milieu als einzige Sozial- und Altersversicherung mikro-soziologisch sinnvoll erscheint, auch wenn sie makro-soziologisch verheerende Auswirkungen hat. Hier zeigt sich einmal mehr der in Kap. III/1 bereits erwähnte Widerspruch zwischen der Rationalität im Kleinen und der Irrationalität im Großen. Steigender Lebensstandard führt im allgemeinen dazu, daß sich die Bevölkerungszunahme verringert. In vielen Ländern der Dritten Welt ist das Bevölkerungswachstum in der Tat leicht rückläufig, wenn auch immer noch hoch (meistens über 2% im Jahr).

Die Hoffnung auf ein „rechtzeitiges" Abflachen der Bevölkerungskurve aufgrund eines durchschnittlich steigenden Lebensstandards muß allerdings mit Skepsis beurteilt werden, da dieser Prozeß sehr langsam verläuft und nur dort stattfindet, wo die marginale Bevölkerung in ausreichender Zahl und mit ausreichender Entlohnung wirtschaftlich integriert werden kann. Wenn man jedoch gleichzeitig bedenkt, daß das durchschnittliche Pro-Kopf-Einkommen in der Dritten Welt im Jahr 2000 bei 686 US-Dollar (in konstanten Preisen von 1975) liegen wird, dann ist diesbezüglich kein allzu großer Optimismus angebracht. Dies entspricht etwa 16% des Pro-Kopf-Einkommens der Industrienationen im Jahr 1975 und 8% im Jahr 2000![13]

Im Gegensatz zu den Industrienationen beruht die Umweltproblematik der Dritten Welt jedoch nicht allein auf dem zunehmenden Zerstörungspotential des sogenannten Fortschritts bei steigender Bevölkerung, sondern auch auf elementarer Armut (die ihrerseits die Bevölkerungszunahme wesentlich mitbedingt, s. oben). Die starke Bevölkerungsvermehrung führt in diesem Fall zu einer fortschreitenden Milieuschädigung zugunsten der Befriedigung elementarer Bedürfnisse (z. B. Überweidung und Abholzung für den privaten Konsum); dies bedingt eine permanente Verschlechterung der Lebensbedingungen und damit wiederum die Motivation, möglichst viele Kinder zu haben. Es handelt sich bei diesem Mechanismus also um eine selbstzerstörerische Spirale von Bevölkerungswachstum und Milieuschädigung. In einer Publikation über die ökologische Problematik Lateinamerikas wird ein chilenischer Bauer mit dem Satz zitiert:

„Der Ingenieur sagt, daß ich Bäume pflanzen soll, statt diesen Abhang zu bebauen, und daß ich an die zukünftigen Generationen denken soll. Mit allem Respekt sage ich, daß er sich irrt, weil – wenn ich meine Familie nicht ernähre – es keine zukünftigen Generationen geben wird."[14]

Da die Bevölkerung nicht endlos zunehmen kann, verbleiben zwei Möglichkeiten, nämlich entweder eine rigorose Politik der Geburtenkontrolle (wie sie in China mit Erfolg praktiziert wird) oder die völlige Zerstörung und Plünderung der Umwelt sowie die massenhafte Dezimierung der Überbevölkerung durch Hungerkatastrophen, Seuchen und Massaker von schwer vorstellbarer Dimension.

Es wurde bereits mehrfach erwähnt, daß jede Region und Mikroregion ihre besondere „Mischung" von globalen und lokalen ökologischen Problemen hat. Aus den in Kap. II zusammengestellten Daten ergeben sich zahlreiche Einzelursachen für die zunehmende Milieuschädigung speziell in der Dritten Welt. Es hat wenig Sinn, sie hintereinander aufzulisten, weil additiv angelegte Ursachenkataloge weniger interessant sind als der Wirkungszusammenhang der im konkreten Fall spezifischen Faktoren. Nachstehendes Schaubild zeigt *beispielhaft* eine derartige Ursachenkombination (vgl. Übersicht 1).
Solche Ursachenkombinationen sind also lokal sehr spezifisch und müssen jeweils gesondert herausgearbeitet werden. Auf einige Faktoren, die in der Dritten Welt häufig eine Rolle spielen, die bislang aber noch nicht ausreichend deutlich angesprochen worden sind, soll im folgenden aufmerksam gemacht werden.

Übersicht 1: Verursachungszusammenhänge der Umweltschädigung in der Dritten Welt

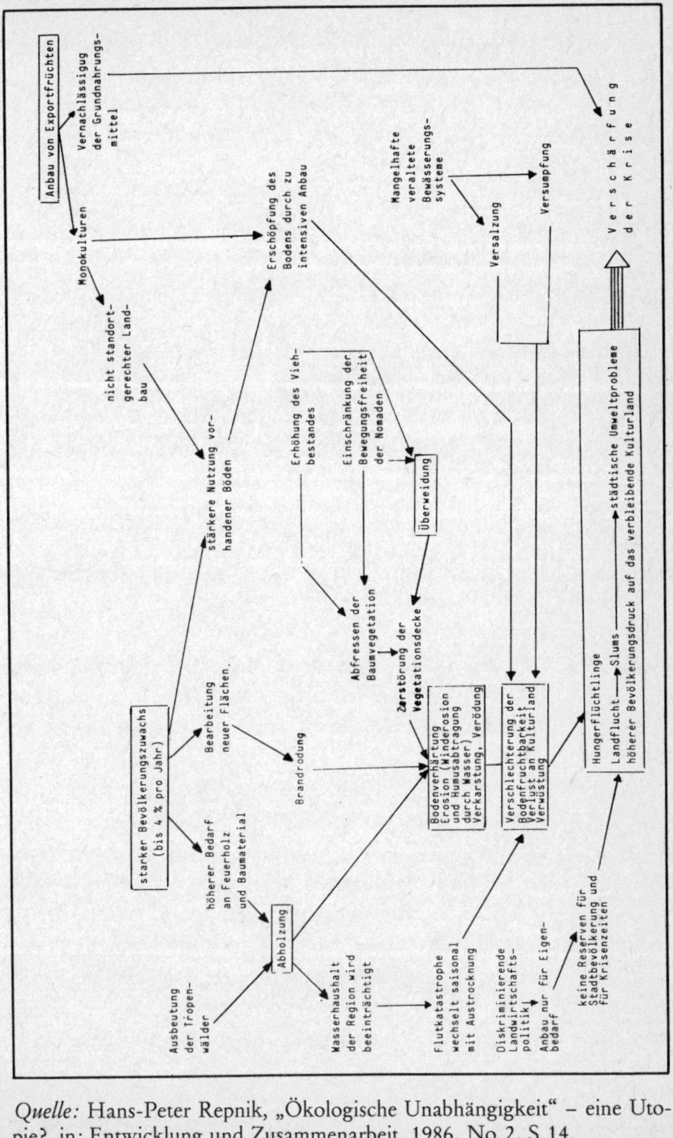

Quelle: Hans-Peter Repnik, „Ökologische Unabhängigkeit" – eine Utopie?, in: Entwicklung und Zusammenarbeit, 1986, No. 2, S. 14.

Ein ernstes Problem besteht in einer weitverbreiteten Verkümmerung der Umweltwahrnehmung und einem Sensibilitätsverlust im Hinblick darauf, was der Landschaft und der Natur – übrigens auch den Menschen – an Gewalt angetan wird.[15] Nicht nur die Gesellschaft ist in der Regel „durchökonomisiert", sondern auch das kollektive Bewußtsein. In vielen Ländern der Dritten Welt gibt es ein verbreitetes ideologisches Raster, das vereinfacht auf folgende Formel zu bringen ist: ertragsmaximierende Durchsetzung wirtschaftlicher Interessen = optimale gesamtwirtschaftliche Entwicklung = optimaler sozialer Nutzen = bestmöglicher Lebensstandard für die Gesamtbevölkerung = bestmögliche Lebensqualität für die Gesamtbevölkerung = optimale Voraussetzung für sozialen Frieden und politische Stabilität. Falls diese Formel stimmt, so stimmt sie nur mit sehr vielen Einschränkungen, d.h. unter besonders günstigen Rahmenbedingungen. Meistens stimmt sie nicht. Diesbezüglich ist besonders eine Betrachtung der sogenannten Schwellenländer aufschlußreich; sie zeigen nämlich, daß ein relativ hohes Niveau des wirtschaftlichen und technologischen Prozesses mit massenhaftem Elend sehr wohl vereinbar ist. Die sogenannte Entwicklung ist unter diesen Vorzeichen eine rein statistische Fiktion, die mit dem wahren Leben der Bevölkerung wenig zu tun hat.

Es ist nicht ohne Ironie, daß die ökologischen Kosten dieser Art von „Entwicklung" in der Dritten Welt sehr hoch sind, ihr „sozialer Nutzen" zugleich aber durchaus fragwürdig ist, da ein großer Teil der Bevölkerung „strukturell marginalisiert" wird, d.h. keine Beschäftigung findet und hart am Rande des Existenzminimums leben muß.[16] Generell kann man wohl sagen, daß sich die historisch nachholende und strukturell abhängige Entwicklung der Dritten Welt größtenteils ohne besondere Rücksichten auf ihre sozialen und ökologischen Konsequenzen vollzieht. Es wurde bereits auf die reichlich paradoxe Situation hingewiesen, daß die Lebensqualität „wild" lebender Ethnien auf Steinzeitniveau in bezug auf viele Kriterien besser ist als die jener riesigen marginalen Massen, die erst im Zuge der sogenannten Entwicklung entstanden sind.

Obwohl der individuelle Lebensstandard in bestimmten Sektoren steigen mag, verschlechtert sich die kollektive Lebensqualität. Die Menschen mögen im Schnitt zwar reicher werden und länger leben, aber sie leben insgesamt schlechter, und die „Entwicklung" geht dahin, daß sie in den nächsten Generationen wahrscheinlich wieder ärmer sein werden sowie wieder kürzer und noch schlechter leben werden.

Ein wirkliches ökologisches Problembewußtsein beschränkt sich in der Dritten Welt in der Regel auf den traditionalen[17] vorindustriellen Raum sowie auf kleine, vorzugsweise städtische Naturschutzgruppen. In einer Analyse Boliviens, die sicherlich als Beispiel für die meisten Länder der Dritten Welt gewertet werden darf, zieht der Autor folgendes Fazit:

> „Außer einigen bemerkenswerten Ausnahmen und Meinungen mit nur marginaler Bedeutung zeichnet sich die vorherrschende Tendenz der heutigen öffentlichen Meinung in Lateinamerika durch eine Verharmlosung der gesamten ökologischen Problematik, durch eine zu optimistische Wahrnehmung der jeweiligen Landesausstattung mit natürlichen und energetischen Ressourcen und durch eine indirekte Begünstigung hoher demographischer Zuwachsraten aus. Unmittelbar zu diesem Zusammenhang gehören die von fast allen Richtungen getragene Entscheidung für eine rasche Modernisierung samt Industrialisierung und die eindeutige Subordination aller umweltschützenden und naturkonservierenden Maßnahmen unter die Erfordernisse einer akzelerierten Entwicklung nach metropolitanischem Muster. Diese allgemeine Haltung wird ebenfalls von denjenigen Experten geteilt, die bei den Planungsbehörden für längerfristige Modellentwürfe und komplexe Problemlösungen zuständig sind: sie sind zwar über die negativen Auswirkungen der forcierten Industrialisierung besorgt, aber sie betrachten sie als den einzigen Weg zur Erlangung eines hohen ... Lebensstandards."[18]

Dieses Bewußtsein überträgt sich nahezu bruchlos auf den Staat, der zumeist die Funktion eines Motors der sogenannten nachholenden Entwicklung übernimmt und Umweltprobleme allenfalls marginal berücksichtigt. Zwar verfügen viele Drittwelt-Staaten über eine fortschrittliche Umweltgesetzgebung,[19] die zum Teil internationalen Abkommen entlehnt ist, doch sind die organisatorischen, personellen und finanziellen[20] Voraussetzungen für eine effiziente Umweltpolitik in der Regel völlig unzureichend, und das hat auch einen „Sinn", weil der

Staat in erster Linie ein Agent ökonomischer Interessen ist. Daher ist auch die Durchsetzbarkeit von ökologisch motivierten Interessen über das politische und juristische System in der Dritten Welt noch wesentlich eingeschränkter als in den Industrienationen.

Es kommt hinzu, daß Forschungskapazitäten im Hinblick auf den ökologischen Bereich in den Drittwelt-Staaten entweder überhaupt nicht vorhanden sind oder in keinem Verhältnis zur Vielzahl und zur Dringlichkeit der ökologischen Probleme stehen.[21] Die diesbezügliche Fachkompetenz ist nicht etwa in der Dritten Welt, sondern in den Industrienationen konzentriert. Auch sie ist allerdings quantitativ recht bescheiden, und ihre praktische Relevanz leidet häufig darunter, daß sie mehr auf den akademischen Betrieb sowie auf einzelne Aspekte der Entwicklungshilfe fixiert und vom sozialen wie politischen Prozeß in den betreffenden Ländern ziemlich abgeschnitten ist. Praktische Relevanz bekommt die in den Industrienationen konzentrierte Ökologieforschung meistens erst dann, wenn eine großräumige Katastrophe bereits eingetreten ist (z.B. in Äthiopien).

Ein letzter Punkt, der im Hinblick auf die Umweltproblematik der Dritten Welt Erwähnung verdient, ist die bereits genannte Tatsache, daß die Nachfrage der Industrienationen nach mineralischen, fossilen und natürlichen Rohstoffen sowie die wirtschaftlichen Zwänge, denen die Dritte Welt im Rahmen der bestehenden Weltwirtschaftsordnung ausgesetzt ist, ganz wesentlich zu der Umweltschädigung beitragen. Beide Aspekte hängen mit der Art und Weise zusammen, wie sich das gegenwärtig vorherrschende Zivilisationsmodell historisch entfaltet und weltweit ausgebreitet hat. In der Dritten Welt, d.h. in der „Peripherie" dieses Systems, hat sich ein Typ von Gesellschaft durchgesetzt, zu dessen bisheriger Funktionslogik es gehört, die Umwelt intensiv, langfristig und häufig irreversibel zu schädigen, um an der Weltwirtschaft partizipieren zu können.

Ein Aspekt, der im Rahmen der Nord-Süd-Diskussion im allgemeinen etwas unterbelichtet ist, betrifft die Tatsache, daß die Drittwelt-Staaten in bezug auf die Aufrechterhaltung des vorherrschenden „Entwicklungs"-Stils hochgradig von den Industrienationen abhängig sind, daß dies aber nur in ganz wenigen Bereichen umgekehrt gilt. Unter diesen Vorzeichen läßt sich die autogene Entwicklungsdynamik der Industrienationen über das internationale System gegen die autogene Entwicklungsdynamik der Drittwelt-Staaten in einer solchen Weise durchsetzen, daß letztere wie in einer Zwangsjacke deformiert und verkrüppelt heranwachsen. Dieser Prozeß wird dadurch zusätzlich erleichtert, daß die Eliten vieler Drittwelt-Staaten an einer echten Entwicklung gar nicht interessiert sind, weil sie vom bestehenden System mittelbar oder unmittelbar profitieren. Dieser Aspekt betrifft insofern auch den ökologischen Bereich, als über das internationale System „Sachzwänge" sozusagen importiert werden, die wenig Rücksicht auf die lokale Umwelt und die lokalen Ressourcen erlauben. Die hohe Auslandsverschuldung führt z.B. zu Exportzwängen, mit denen unter anderem großräumige Abholzungen und Monokulturen für den Agrarexport gerechtfertigt werden.

Da der sozio-ökonomische Prozeß in der Dritten Welt im Vergleich zu den Industrienationen also stärkeren Abhängigkeiten und Sachzwängen ausgesetzt ist, gibt es entsprechend engere Spielräume für ökologisch positive Entwicklungsalternativen im Rahmen des vorherrschenden sozio-ökonomischen Modells, das auf starke Integration in die Weltwirtschaft sowie auf nachholende Industrialisierung angelegt ist.

3. Soziale und politische Konsequenzen

Es ist nicht ohne weiteres möglich, die gesellschaftlichen Konsequenzen einer allmählichen Ressourcenverknappung und einer zunehmend schlechten Umweltqualität genau zu spezifizieren, obwohl einige dieser Konsequenzen auf der Hand liegen. Im extremsten Fall führt Ökocid zu Ethnocid,[22] aber dieser Fall ist in der Dritten Welt bislang nur gelegentlich und lokal begrenzt eingetreten.

Die allmähliche Ressourcenverknappung wird sehr wahrscheinlich zu vielfältigen wirtschaftlichen Schwierigkeiten, Verteilungskämpfen und Versorgungsengpässen führen. Viele nichtregenerierbare Ressourcen werden nicht mehr verfügbar sein, bevor die betreffenden Staaten ihre Wirtschaft auf eine andere tragfähige Basis umgestellt haben; viele regenerierbare Ressourcen werden zerstört und überausgebeutet, so daß sie ihre Regenerationsfähigkeit zunehmend verlieren; große Räume werden zerstört und vergiftet sein, noch bevor dort überhaupt eine lebensfähige sozio-ökonomische Struktur entstehen konnte; ganz besonders bedenklich ist die Tatsache, daß die Nahrungsmittelproduktion auf Dauer mit dem Bevölkerungswachstum nicht mithalten kann, was großräumige Hungerkatastrophen und verbreitete Fehlernährung zur Folge haben wird.

Es wird geschätzt, daß bereits heute ca. 600 Mio. Menschen an bleibenden Mangelschäden durch Unterernährung leiden und 40 Mio. jährlich an Hunger und seinen Folgen sterben.[23] Dies beruht bislang zwar größtenteils auf einer entwicklungspolitisch fehlerhaften Ausrichtung des Produktionsprozesses sowie auf einem nationalen wie internationalen Verteilungsproblem, wird aber in zunehmendem Maße durch Ressourcenplünderung und Umweltzerstörung mitverursacht, und zwar besonders in längerfristiger Perspektive, wenn man sich z.B. vorstellt, daß die Weltbevölkerung bis zum Jahre 2000 voraussichtlich auf über 6 Mrd. Menschen anwachsen wird, ohne daß ein baldiges Ende dieses Wachstums in Sicht ist.

Selbst wenn die gegenwärtigen Planungs- und Verteilungsprobleme gelöst würden – wofür allerdings wenig spricht – und die weltweite Nahrungsmittelproduktion entscheidend gesteigert werden könnte – wofür ebenfalls wenig spricht –, gerät die demographische Expansion allmählich an eine ökologische Grenze und führt damit zu großräumigen Katastrophen, die sich vor allem in der Dritten Welt abspielen werden.

Die Verschmutzung und Vergiftung der Umwelt bergen zunehmend akute Gefahren für die öffentliche Hygiene und Gesundheit sowie vielfältige Krankheitsrisiken (zahlreiche Arten von ansteckenden Krankheiten, Vergiftungen, Allergien, Lungen- und Bronchialerkrankungen, Gehörschäden, genetische Schädigungen, Störungen der Immunabwehr, Schädigungen des Nervensystems u. a.).[24]

Wenig Aufmerksamkeit fanden bislang die psychischen Konsequenzen des Lebens in überfüllten, lauten, schmutzigen, giftigen und häßlichen Milieus.[25] Wenn Mitscherlich von einer „Biopathologie der industriellen Massenzivilisation“[26] spricht und dabei „nur“ an die entwickelten Industrienationen denkt, so ist dieser Gesichtspunkt in bezug auf die Dritte Welt ganz besonders zu unterstreichen: Die massive Einengung und Vergewaltigung elementarer menschlicher Bedürfnisse aufgrund von Vermassung, Anonymisierung sowie physischer wie ästhetischer Milieuschädigung tragen zur Potenzierung eines zerstörerischen, neurotisierenden und brutalisierenden Klimas bei.[27]

Die Kehrseite der sogenannten Entwicklung ist in der Dritten Welt kaum zu übersehen: Massenarbeitslosigkeit, Massenelend, Massenkriminalität, Drogenabhängigkeit, Vandalismus, Entwurzelung,[28] Anomie, unerträgliche soziale Spannungen und eine allgegenwärtige Erosion der kollektiven Moral. Was im folgenden Beispiel über Karachi berichtet wird, gilt sicherlich für viele größere Städte der Dritten Welt:[29]

> „Soldaten mit entsicherten Gewehren und Müllarbeiter mit riesigen Forken durchkämmen die engen Gassen von Orangi, leuchten in düstere Hauseingänge und in die finsteren Lücken zwischen den armseligen Hütten, stochern in rauchenden Trümmerhaufen und in stinkenden Abwasserkanälen herum. Sie suchen nach Leichen. 42 Tote haben sie schon abtransportiert. Drei weitere halbverweste Körper spießen sie aus dem Kot im Kanal auf die Gabeln und tragen sie zum Müllwagen. ‚Die meisten sind schon verscharrt‘, sagt ein Getränkeverkäufer, ‚die Pathanen haben die Gräber schon vorher ausgehoben, in die sie die toten Mohajirs dann geworfen haben.‘ Der Muezzin ruft zum Abendgebet. Dunkelheit senkt sich in die Gassen von Orangi, hier und da flackern die Neonleuchten an, verbreiten die an Kabeln von der Decke hängenden Glühbirnen ihr trübes Licht. ‚Dieser Ort ist ein Irrenhaus‘, meint ein junger Offizier, ‚die Leute bringen einander um und wissen nicht, warum und wofür.‘“

Auch die Funktionsweise der gesellschaftlichen Institutionen sowie deren Beziehungen zueinander haben vielfach einen sozialpathologischen Charakter (z. B. staatliche Institutionen wie Armee und Polizei; Parteien, Arbeitgeberverbände, Gewerkschaften u. a.). Derartige sozialpathologische Symptome werden im Zuge der sogenannten Entwicklung nicht etwa überwunden, sondern im Gegenteil verstärkt hervorgebracht. Der Versuch, sie durch eine Dynamisierung der Entwicklung im bisherigen Stil zu therapieren, bedeutet, einem todkranken Patienten die falsche Medizin in doppelter Dosis zu verabreichen.

Zwischen Milieuschädigung und gesamtgesellschaftlichen Tendenzen gibt es sicherlich keinen Automatismus, aber man kann wohl ganz allgemein davon ausgehen, daß die Rahmenbedingungen für eine humane und positiv gerichtete Entwicklung als Folge von Umweltzerstörung und Ressourcenplünderung verschlechtert werden. Wie sich das sozial und politisch im einzelnen Fall genau auswirkt, läßt sich nicht vorhersagen. Wenn man aber die dargestellten Fehlentwicklungen, die man in vielen Regionen der Dritten Welt bereits sehr plastisch erleben kann, in die Zukunft extrapoliert – und dies muß man wohl –, dann entstehen allmählich Probleme von einer solchen Dimension und Dringlichkeit, daß das Engagement für die Erhaltung der Markt- oder Planwirtschaft, der Respekt vor einer historisch kumulierten Einkommens- und Besitzverteilung oder die Allianzen innerhalb des internationalen Systems möglicherweise recht zweitrangig erscheinen werden gegenüber der Frage, wie man das Überleben überhaupt noch sichern und das Zusammenleben ohne einen Rückfall in die Barbarei gestalten kann.

Man muß also wohl davon ausgehen, daß die sich verschärfende ökologische Problematik in der Dritten Welt zunehmend als Entwicklungshemmnis und als politischer Zündstoff wirksam wird und daß der in der ersten Entwicklungsdekade verbreitete Fortschrittsoptimismus, dem heutzutage nur noch sehr schlecht informierte oder besonders unbeugsame Frohnaturen anhängen, nicht nur in sozio-ökonomischer, sondern eben auch in ökologischer Hinsicht obsolet ist.

Sparen ist langfristig billiger als Substitution, und Schadensbegrenzung ist langfristig billiger als Schadensbeseitigung. Kurzfristig ist es allerdings am billigsten, verschwenderisch mit den Rohstoffen umzugehen und Umweltschäden zu produzieren, ohne sie zu beseitigen, und diese auf die Allgemeinheit bzw. auf künftige Generationen abzuwälzen. Dies geschieht in der Dritten Welt gegenwärtig in einem atemberaubenden Tempo und wird zunehmend fatale Konsequenzen haben, wenn nicht sehr bald drastische Gegenmaßnahmen eingeleitet werden. In der ökologischen Literatur wird verschiedentlich auf eine simple biologische Gesetzmäßigkeit hingewiesen, falls letzteres nicht geschieht; sie lautet sinngemäß: Das Korrektiv der Natur gegenüber besonders erfolgreichen Arten besteht darin, daß diese ihr Biotop so stark ausbeuten und schädigen, daß sie ihre eigene Lebensgrundlage zerstören. Politisch heißt das, daß die meisten Länder der Dritten Welt gezwungen sein werden, sich sozial und politisch an eine variantenreiche ökologische Katastrophe „anzupassen", was bereits heute in bestimmten Regionen geschieht.

Was eine solche Entwicklung außen- und sicherheitspolitisch bedeuten würde, ist schwer vorauszusagen, da gesellschaftliche Krisen ja ganz generell keine eindeutigen Konsequenzen für das Verhalten derartig betroffener Staaten innerhalb des internationalen Systems haben. Man kann jedoch erwarten, daß die politischen Aktivitäten der Drittwelt-Staaten als Folge der sich dramatisch zuspitzenden Milieuschädigung (sowie auch anderer Faktoren) zunehmend den Charakter eines permanenten Krisenmanagements annehmen werden. Dadurch werden die Möglichkeiten für eine positiv gerichtete Entwicklung sowie die Chancen für die Durchsetzung stabiler Strukturen innerhalb des internationalen Systems tendenziell verschlechtert, abgesehen davon, daß konfliktträchtige Auseinandersetzungen um die knapper werdenden Ressourcen drohen.[30]

IV. Gesellschaftliche Utopien und konkrete Einzelmaßnahmen

Wie aus den vorangegangenen Ausführungen deutlich geworden ist, gibt es viele Ursachen und viele Erscheinungen der Umweltproblematik in regionalspezifischen Mischungen. Einen „master-key", mit dem alle genannten Probleme gelöst werden könnten, gibt es nicht. Erforderlich sind vielmehr ganze Bündel von Maßnahmen unterschiedlicher Qualität und Intensität, ähnlich wie bei der Behandlung einer komplizierten Krankheit.

Die effiziente und großräumige ökologische Disziplinierung des gegenwärtigen zivilisatorischen Prozesses erfordert allerdings nicht nur technokratische (womöglich „marktkonforme") Symptomkuren, sondern qualitative Veränderungen in Richtung auf eine humane und vernünftige Gesellschaft, deren wichtigste Dimensionen Existenzsicherung, Sozialverträglichkeit und Umweltfreundlichkeit sind. In der ökologischen Literatur werden diese Dimensionen zu verschiedenen Forderungen spezifiziert, z. B.:

- größtmögliche Einsparung von Rohstoffen und Energie;
- größtmögliche Wiederverwertung von Rohstoffen (Recycling);
- Konzentration des wirtschaftlichen Prozesses auf die Befriedigung von Grundbedürfnissen;
- Verzicht auf maximales Wachstum und maximalen Konsum;
- Sozial- und Umweltverträglichkeitsprüfung aller wirtschaftlichen und politischen Entscheidungen;
- Dezentralisierung, kleinräumige sozio-ökonomische Autonomie und Partizipation der betroffenen Bevölkerung;
- Rückkehr zum „menschlichen Maß";[1]

- wirksamer Verbraucherschutz;
- Geburtenkontrolle u. a. m.

Die Durchsetzung solcher und ähnlicher Forderungen erscheint zwar grundsätzlich *möglich*, aber keineswegs sehr *wahrscheinlich*. Glaeser hat die wichtigsten Punkte im Hinblick auf die Dritte Welt folgendermaßen systematisiert:[2]

Übersicht 2: Elemente eines umweltverträglichen Gesellschaftstyps in der Dritten Welt

Politische Ökologie	*Ökologisch orientierte Entwicklung*	*Angepaßte Technologie*	*Ökologisch orientierte Landwirtschaft*	*Ökologisch orientierte Industrie*
Wirtschaft	Entwicklung auf der Basis eigener Ressourcen und Entfaltung der eigenen Kompetenzen („self-reliance“)	Beschäftigung	Ertrag	Arbeitsintensität
Gesellschaft, Kultur	Grundbedürfnisorientierung	Traditionale Werte	Polykultur	Partizipation
Ökologie	Umweltverträglichkeit	Einsparung von Energie	Eindämmung der Erosion; Erhaltung der Bodenfruchtbarkeit	Wiederverwertung von Rohstoffen

Quelle: Bernhard Glaeser (Hrsg.), Ecodevelopment. Concepts, Projects, Strategies, Oxford u. a. 1984, S. 4 (Übers. d. Verf.).

Auch in einer solchen Spezifizierung erscheint es nicht sehr aussichtsreich, daß sich derartige gesellschaftliche Utopien in absehbarer Zeit irgendwo realisieren lassen, und schon gar nicht, daß eine solche Entwicklung global erfolgen wird, was unter ökologischen Aspekten wünschenswert wäre. Realistischer ist die Hoffnung auf begrenzte Erfolge technokratischer

Einzelmaßnahmen, ohne daß gleichzeitig die grundlegende Dynamik des vorherrschenden Zivilisationsmodells geändert wird. Diesbezüglich ist im Falle der Industrienationen allerdings mehr Hoffnung angebracht als im Falle der Dritten Welt. Dort werden die Probleme immer weniger beherrschbar, und nennenswerte Erfolge sind äußerst selten, abgesehen davon, daß sie in der Regel zu einseitig und kleinräumig sind; größtenteils besteht nicht einmal ein entsprechendes Problembewußtsein.

Neben deklamatorischen Zielsetzungen ist die vorherrschende Reaktion auf die sich verschärfende Umweltproblematik nicht etwa eine Abkehr von der verschwenderischen Ausbeutung der nicht regenerierbaren Ressourcen und der Zerstörung sowie Vergiftung des Milieus bzw. eine effiziente Geburtenkontrolle, sondern das Vertrauen auf die Irrelevanz der Umweltproblematik für den laufenden sozio-ökonomischen Prozeß sowie die Hoffnung auf zukünftige Erfindungen, die es erlauben sollen, den bisherigen energie- und konsumintensiven Entwicklungsstil fortzusetzen. In den folgenden Abschnitten werden einige Einzelmaßnahmen angesprochen, die im Rahmen des vorherrschenden Zivilisationsmodells mehr oder weniger realistisch erscheinen. Aber auch solche begrenzten Symptomkuren scheitern häufig an verschiedenen Faktoren:

- die üblicherweise bevorzugten kurzfristigen bzw. kleinräumigen Maßnahmen stehen im Konflikt mit der Langfristigkeit bzw. Großräumigkeit vieler ökologischer Probleme;
- schadensbegrenzende und -reparierende Maßnahmen haben einen Sisyphus-Charakter, solange schadensverhindernde Maßnahmen nur ausnahmsweise durchsetzbar sind;
- billige bzw. einfache Maßnahmen sind meistens nicht ausreichend, während teure bzw. komplizierte häufig aus finanziellen oder technischen Gründen undurchführbar sind;
- dringliche Maßnahmen werden vorzugsweise erst dann – wenn überhaupt – eingeleitet, wenn die Katastrophe bereits da ist, und diese Art der Schadensbegrenzung ist meistens zu einseitig und zu kurzfristig angelegt, um einen negativen

ökologischen Trend umzukehren; weniger dringliche Maßnahmen werden demgegenüber solange hinausgeschoben, bis das betreffende Problem dringlich geworden ist;
- technokratisch angelegte Maßnahmen berücksichtigen häufig nicht ausreichend das politische, ökonomische, soziale und kulturelle Umfeld und reißen ungewollt nicht selten größere Löcher auf, als sie stopfen;
- eine kollektive Bewußtseinsänderung als Voraussetzung für einen breiten und langfristigen Erfolg von Umwelt- und Ressourcenschutzmaßnahmen im Sinne des wohlverstandenen Allgemeinwohls ist gegenüber den dominanten Einzelinteressen und den entsprechenden Ideologien schwer zu realisieren.

1. Nationale Maßnahmen

Der globale Charakter vieler Umweltprobleme verleitet gelegentlich zu einer Anonymisierung der Verantwortung. Der hauptverantwortliche Akteur im Sinne von Umwelt- und Ressourcenschutz ist jedoch der *Nationalstaat*,[3] was internationale Kooperation selbstverständlich nicht ausschließt (vgl. Kap. IV.2).

Die Staaten der Dritten Welt schließen sich der ökologischen Problematik nur sehr zögernd auf, weil der Umwelt- und Ressourcenschutz in der Tat mit dem gegenwärtig vorherrschenden weltmarktorientierten Entwicklungsstil kaum kompatibel ist. Umweltschutz-Politik wird weitgehend als eine unnötige und lästige Angelegenheit angesehen. Ganz deutlich wurde diese Position noch auf der Stockholmer UN-Umweltkonferenz von 1972 vertreten, während die Drittwelt-Staaten zehn Jahre später zumindest in ihrer Rhetorik sensibler auftraten, was sicherlich auch mit den Aktivitäten des Umweltprogramms der Vereinten Nationen (UNEP) zusammenhing.[4]

Die vorliegenden Darstellungen der ökologischen Probleme sowie der Umweltpolitik einzelner Staaten der Dritten Welt zeigen übereinstimmend dreierlei: Die Umweltpolitik ist von

Staat zu Staat unterschiedlich ausgerichtet und ausformuliert; die Gesetzgebung und die Maßnahmenkataloge sind im Vergleich zu den bestehenden Problemen unzureichend; die Umweltpolitik erscheint nicht als wichtiger Bestandteil der Gesamtpolitik. Da die Abkehr vom vorherrschenden Entwicklungsstil wenig aussichtsreich erscheint, solange großräumige Katastrophen noch nicht für jedermann sichtbar sind, wird sich die Umweltpolitik der Drittwelt-Staaten – wie bereits erwähnt – vorzugsweise auf kleinere, „technokratische" Symptomkuren beschränken müssen. Die Übersicht auf Seite 84 vermittelt einen guten Einblick in den Zusammenhang von Problemen und praktischen Einzelmaßnahmen.

Wichtige Maßnahmen, die in dieser Übersicht fehlen bzw. stärker hervorgehoben werden sollten, sind folgende: Entscheidend ist sicherlich der Aufbau einer politischen und administrativen Struktur mit entsprechenden Kompetenzen sowie einer ausreichenden finanziellen und personellen Ausstattung. An Protokollen, Absichtserklärungen, Konferenzen, Vereinbarungen, Gesetzesvorlagen und Festreden fehlt es nicht, aber es fehlt an der grundsätzlichen Bereitschaft, Umweltpolitik zu einem zentralen Element der Gesamtpolitik zu machen.

Hierzu gehört auch eine detaillierte Gesetzgebung. In vielen Drittwelt-Staaten gibt es zwar eine spezifische Umweltschutz-Gesetzgebung,[5] die aber zum Teil zu unvollständig bzw. zu allgemein gehalten ist und größtenteils gar nicht zur Anwendung kommt, weil es in diesem Bereich einen grundsätzlichen Widerspruch zwischen Gesetz und Gesetzeswirklichkeit sowie einen Kompetenzwirrwarr zwischen den beteiligten Institutionen zu Lasten der Umweltschutzpolitik gibt. Sofern überhaupt etwas durchgesetzt wird, sind es vorzugsweise „technische Kleinlösungen".[6]

Die Gesetzgebung sollte jeweils auf Sparen, Schonen, Entlasten, Verhüten bzw. Wiederherstellen zielen und sich soweit wie möglich an der gesellschaftlichen Utopie des „Ecodevelopment" orientieren. Es gibt zahlreiche Vorschläge für die Spezifizierung derartiger Gesetze, und zwar jeweils in Entsprechung zu den genannten Einzelproblemen.

Übersicht 3: Umweltprobleme in Entwicklungsländern und Möglichkeiten zu ihrer Lösung

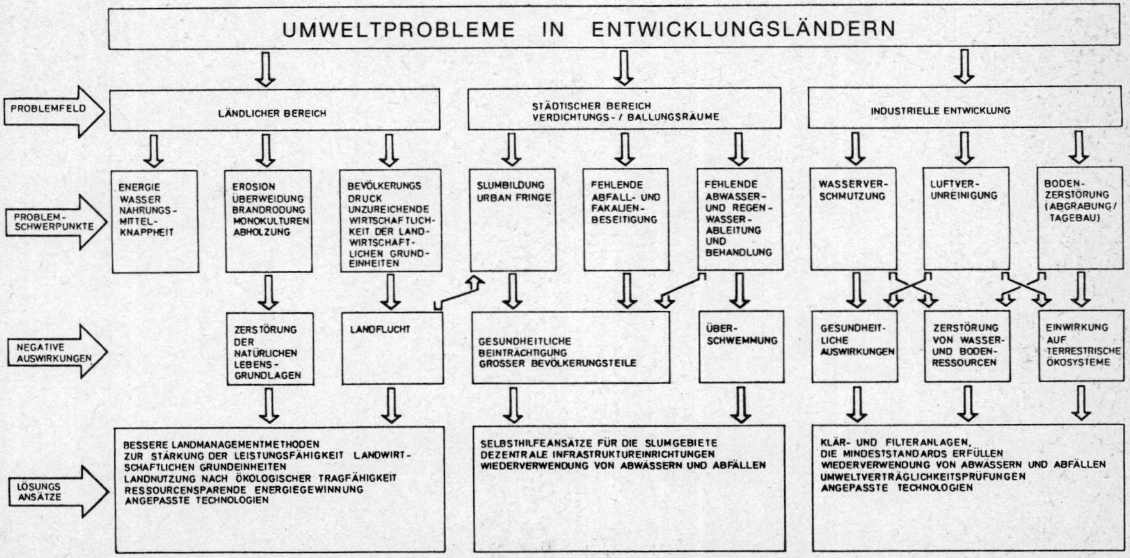

Quelle: Winrich F. Weimert / Reinhold Kress / Hans-Jürgen Karpe, Umweltprobleme und nationale Entwicklungspolitiken in Entwicklungsländern, Köln 1981, S. 14.

Eine weitere, bereits mehrfach erwähnte und als dringlich betonte Maßnahme ist die Geburtenkontrolle. Sie ist in vielen Drittwelt-Staaten allerdings schwer durchsetzbar, weil der Staat und die Wirtschaft die demographische Expansion aus verschiedenen Gründen eher positiv beurteilen und weil die Bevorzugung großer Kinderzahlen aus mikrosoziologischer Perspektive im marginalen Milieu sinnvoll erscheint und kulturell bzw. religiös häufig gut legitimiert ist. Möglicherweise wird das Problem der Überbevölkerung allerdings auf eine unerwartete Weise gelöst werden, nämlich durch die Immunschwächekrankheit Aids, deren explosionsartige Verbreitung eine Folge der Vermassung, der weltweiten Mobilität und der sexuellen Freizügigkeit unserer Zivilisation ist.

Ein ebenfalls wichtiger Bereich für mögliche Maßnahmen betrifft bewußtseinsändernde Programme einschließlich der Durchführung von modellhaften Projekten. Besonders sinnvoll wäre in diesem Zusammenhang auch die Förderung der Forschung, der internationalen wissenschaftlichen Zusammenarbeit und der Popularisierung wissenschaftlicher Erkenntnisse im ökologischen Bereich. Diesbezüglich muß in der Dritten Welt noch sehr viel getan werden, damit ein nennenswertes Maß an Fachkompetenz und Problembewußtsein in den politischen Prozeß eingebracht werden kann.

Dringlich erscheint ebenfalls eine bessere politische Kontrolle der Raumnutzung im Sinne der Förderung kleinräumiger, dezentraler, sozialverträglicher und umweltschonender Einheiten. Dies betrifft insbesondere die Nutzung der regenerierbaren und nichtregenerierbaren Ressourcen, die Entwicklung angepaßter und „sanfter" Technologien, die Eindämmung der chaotischen Urbanisierung sowie die Verbesserung der kollektiven Lebensqualität in den bereits bestehenden Metropolen.[7] Ein häufig geforderter Beitrag zur Verringerung der Landflucht und des entsprechenden Wachstums der Städte besteht in der Durchführung einer „echten" Landreform, möglichst in Kombination mit ökologischem Landbau („Ecofarming").[8]

2. *Internationale Maßnahmen*

Der mögliche Beitrag der Industrienationen zum Umwelt- und Ressourcenschutz in der Dritten Welt ist beschränkt, aber keineswegs unerheblich. Sie können nicht nur in bezug auf internationale Abkommen initiativ werden und ihr Gewicht entsprechend geltend machen, sondern auch ihre bilateralen Beziehungen zu den Drittwelt-Staaten in verschiedenen Bereichen unter ökologischen Gesichtspunkten korrigieren. Hilfsmaßnahmen sind in diesem Bereich sicherlich nicht ausreichend, wenn die Industrienationen für sich selber nicht eine Reihe von Konsequenzen ziehen (Sparen, Schonen, Verzicht).

Eine wichtige Voraussetzung für die Entwicklung internationaler Maßnahmen bilden globale Umweltschutzprogramme, von denen vier bislang ausgearbeitet wurden:[9]

- Council on Environmental Quality and the Department of State (Hrsg.), The Global 2000 Report to the President, Washington 1980 (zwei Bände);
- International Union for the Conservation of Nature (Hrsg.), World Conservation Strategy, Gland 1980;
- Organization for Economic Cooperation and Development/OECD (Hrsg.), Economic and Ecological Interdependence. A Report on Selected Environment and Resource Issues, Paris 1982;
- World Resource Institute (Hrsg.), The Global Possible. Resources, Development and the New Century, Washington 1984.

Die thematischen Schwerpunkte dieser Programme sind in der Übersicht 4 (S. 87/88) zusammengestellt.

Darüber hinaus gibt es eine Reihe von internationalen Programmen und Abkommen zu einzelnen Sujets, z. B.:[10]

- Declaration for the United Nations Conference on the Human Environment und der Action Plan dieser Konferenz, Stockholm 1972;
- Internationale Dekade für Trinkwasserversorgung und Sanitärmaßnahmen der Vereinten Nationen, 1981;

- World Charta for Nature der VN, 1981;
- Luftreinhaltekonvention der Economic Commission for Europe (ECE), Genf 1979;
- Deklaration über Umweltpolitik und Umweltprüfungsverfahren, Weltbank/OAS/UNDP/UNEP/EG u.a., 1980;
- Internationales Jahr des Waldes 1985, FAO;

und viele andere mehr.

Seit der Gründung des UNEP im Anschluß an die United Nations Conference on Human Environment (Stockholm 1972) hat es zwar viele Konferenzen, Abkommen und Programme gegeben, aber nur wenige praktische Erfolge; diese scheiterten bislang am einzelstaatlichen Egoismus, an wirtschaftlichen Interessen und an der Tatsache, daß die einzelnen Programme zu wenig aufeinander abgestimmt waren.[11] Dies gilt auch für das UNEP selber:[12]

„Heute gibt es keinen Zweifel daran, daß UNEP zu dem Musterbeispiel für eine separierte Umweltpolitik wurde, die wegen ihrer splendid isolation wirkungslos blieb.

Der bei der Gründung von UNEP von einigen vielleicht erwartete umweltpolitische „trickle-down-Effekt“ von der internationalen Ebene auf die jeweilige nationale Ebene hat nicht stattgefunden“.

Internationale Konferenzen, Abkommen und Programme bringen zwar wichtige Anstöße, lösen aber keine konkreten Probleme, solange der Umwelt- und Ressourcenschutz kein integraler Bestandteil nationaler und internationaler Politik ist und solange keine geeigneten Kontrollinstitutionen mit entsprechender Sanktionskompetenz vorhanden sind.[13] Die meisten Vereinbarungen im Bereich der internationalen Umweltpolitik erweisen sich „bei genauerem Zusehen als bloße Grundsatz- und Absichtserklärungen ohne rechtlich-politische Stringenz“.[14]

Im Verhältnis der Industrienationen zu den Drittwelt-Staaten gibt es mehrere Bereiche von ökologischer Relevanz. Ein erster Aspekt betrifft die bereits erwähnte Nachfrage der Industrienationen nach mineralischen, fossilen und natürlichen Rohstoffen aus den Staaten der Dritten Welt; diese Nachfrage ist für das Funktionieren der bestehenden Wirtschaftssysteme

Übersicht 4: Thematische Schwerpunkte globaler Umweltschutzprogramme

Global Future	*World Conservation Strategy*	*OECD*	*Global Possible*
• Bevölkerungsplanung			
• Landerhaltung (Dauerhaft tragfähig)	• Erhaltung der Böden (dauerhafte Tragfähigkeit)	• Erhaltung des Ackerlandes	• Erhaltung des Ackerlandes
• Erneuerbare Energie (Brennholz)			• Verbesserung der energetischen Effizienz (Unterstützung erneuerbarer Energiequellen, Umweltschutz bei der Energienutzung)
• Tropische Regenwälder	• Erhaltung aller Forsten (Schutz des Wasserhaushaltes)		• Tropische Regenwälder
• Genetische Vielfalt	• Erhaltung der genetischen Vielfalt – Aussterben der Sorten – Ressourcen für die Gesundheit – Bedrohung von Waldtierarten	• Genetische Vielfalt	• Genetische Vielfalt
• Erhaltung der Fischbestände	• Erhaltung der Fischbestände (Erhaltung wildleb. Tiere)		• Erhaltung der Fischbestände
• Wassermanagement – Konfliktlösung	• Erhaltung von Feuchtgebieten		• Trinkwasserversorgung

Übersicht 4: Fortsetzung

Global Future	*World Conservation Strategy*	*OECD*	*Global Possible*
– Sicheres Trinkwasser			
• Globale Belastungen – Chemikalienexport – CO_2-Kontrolle – Ozonschicht – Saurer Regen	• Globaler Allgemeinbesitz – Meere – Atmosphäre – Antarktis – Internationale Wassereinzugsgebiete	• Internationale Probleme – Chemikalienkontrolle – CO_2-Kontrolle – Ozonschicht – Saurer Regen – Gefährliche Abfälle	• Atmosphäre und Klima – Energieeinsparung – Verringerung SO_2 – Kontrolle FKW
• Verbesserung der Entwicklungshilfe	• Verbesserte Entwicklungshilfe	• Verbesserung der Entwicklungshilfe	• Verbesserung der Entwicklungshilfe
• Verbesserung der US-Planungs- und Prognose-Kapazität	• Ratifizierung von Naturschutzgesetzen	• Kontrolle der multinationalen Unternehmen	• Koordinierung der Forschung

Quelle: Entnommen aus Volkmar J. Hartje, Umweltprobleme in der Dritten Welt. Was kann der Norden tun?, in: Aus Politik und Zeitgeschichte, Beilage zur Zeitschrift „Das Parlament", No. B 33–34, 17.8. 1985, S. 33–45 (36).

überaus wichtig, trägt aber zur Umweltschädigung der Dritten Welt in erheblichem Maß bei. Auch hier zeigt sich ein nach wie vor ungelöster Widerspruch zwischen Ökonomie und Ökologie, da entsprechende Rohstoffeinsparungen seitens der Industrienationen in der Dritten Welt zwar ökologisch positive Effekte hätten, zugleich aber zu schweren ökonomischen Einbrüchen führen würden.

Ein weiterer Aspekt betrifft die Tatsache, daß die wirtschaftliche Entwicklung in der Dritten Welt nicht nur durch die Nachfrage seitens der Industrienationen, sondern auch durch einen zwar häufig überschätzten,[15] aber dennoch bedeutenden Beitrag an Kapital und Technologie gefördert wird; eine ökologisch motivierte Zurückhaltung in diesem Bereich hätte ebenfalls unübersehbare ökonomische Konsequenzen. In beiden genannten Bereichen erscheint es daher wenig aussichtsreich, konkrete Umwelt- und Ressourcenschutzmaßnahmen durchzusetzen.

Aussichtsreicher erscheinen zur Zeit begrenzte internationale Abkommen z.B. über Produktions- und Entsorgungsstandards im Sinne von Schadstoffminimierung, über Gesundheits- und Umweltverträglichkeitsprüfungen für zahlreiche Güter und Dienstleistungen im transnationalen Verkehr, über weltweiten Artenschutz sowie den Handel mit gefährdeten Arten u.ä.m. In bezug auf die Produktions- und Entsorgungsstandards spielen die häufig kritisierten multinationalen Konzerne in der Dritten Welt im Vergleich zu den meisten einheimischen Unternehmen bereits heute – d.h. ohne international bindende Abkommen – eher eine positive Rolle. Zwar gibt es durchaus berechtigte Klagen über einen Schadenstransfer aufgrund der Verlagerung „schmutziger“ Industrien und giftiger (einschließlich radioaktiver) Abfälle von den Industrienationen in die Dritte Welt,[16] aber dies betrifft nur einen sehr begrenzten Teil der ökologischen Problematik dieser Staaten, abgesehen davon, daß die einheimischen Unternehmen in der Regel überhaupt keine diesbezüglichen Skrupel zeigen und daß die betreffenden Regierungen die „schmutzigen“ Industrien und giftigen Abfälle aus den Industrienationen sehr gerne aufgenommen, wenn nicht sogar angeworben haben.

Ein weiterer Bereich für praktikable Maßnahmen im Sinne von internationalem Umwelt- und Ressourcenschutz gegenüber der Dritten Welt betrifft die Entwicklungshilfe.[17] Die Schwerpunkte für sinnvolle Entwicklungshilfeprojekte sind vom Bundesministerium für Wirtschaftliche Zusammenarbeit folgendermaßen formuliert worden:[18]

- die umweltgerechte Ausgestaltung der industriellen Produktion (z.B. durch Reinigungsanlagen für Abwässer und Abgase);
- die ökologisch orientierte Landnutzung (z.B. durch Maßnahmen der Bodenkonservierung und des Erosionsschutzes);
- der umweltschonende Ausbau der materiellen Infrastruktur (z.B. Beachtung der ökologischen Auswirkungen beim Bau von Straßen, Staudämmen und Häfen);
- die Erhaltung natürlicher Ökosysteme (z.B. Schutzmaßnahmen für Wälder, Gewässer, Bergregionen, Nationalparks);
- die Anwendung ressourcensparender Technologien (z.B. Nutzung der Sonnenenergie, Recycling durch Abfallverwertung);
- die Bekämpfung der Landflucht und der Folgen rapider Urbanisierung (z.B. durch Förderung der ländlichen Entwicklung, durch Maßnahmen der Slumsanierung und Entwicklung neuer Methoden des Billighausbaus);
- die Unterstützung beim Aufbau von Institutionen und Diensten des Umweltschutzes.

Für den weiteren Ausbau des Umwelt- und Ressourcenschutzes in der Entwicklungshilfe der Bundesrepublik Deutschland werden unter anderem folgende Maßnahmen vorgeschlagen:[19]

- Bereitstellung eines Sonderförderungsprogramms für Umweltschutz und Ressourcenerhaltung,
- Verbesserung des Planungsinstrumentariums und der Informationsgrundlagen,
- Intensivierung der Weiterbildung,
- Organisatorische Unterstützung der Aktivitäten beim Umwelt- und Ressourcenschutz.

Die größere Wirksamkeit der Entwicklungshilfe im Bereich des Umwelt- und Ressourcenschutzes scheiterte bislang weniger an unzureichender Analyse oder an fehlendem guten Willen als an der Tatsache, daß ihre finanzielle Ausstattung im Vergleich zur Dimension der Probleme, denen sie sich widmet, minimal ist und daß sie gleichzeitig auf verschiedene Ziele – d. h. nicht nur ökologische – ausgerichtet ist. Erschwerend kommt hinzu, daß die Drittwelt-Staaten dem ökologischen Bereich keine Priorität einräumen, so daß die wünschenswerte Komplementarität zwischen „Geber" und „Empfänger" kaum vorhanden ist.[20]

V. Chancen für eine Wende?

Umwelt- und Ressourcenschutz realisiert sich zwischen zwei möglichen Extremen. Der beste Umwelt- und Ressourcenschutz besteht nicht in der Reparatur von zuvor angerichteten Schäden, sondern in der völligen Unterlassung schädlicher Einflüsse auf das natürliche Milieu und das Ressourcenpotential. Das andere Extrem besteht in einer rücksichtslosen Umweltzerstörung und Ressourcenplünderung bei der Durchsetzung wirtschaftlicher Interessen. Das erstgenannte Extrem ist sicherlich nirgends realisierbar, wo es eine menschliche Gesellschaft gibt, aber es sollte dennoch als Orientierungsmarke dienen. Dies ist allerdings praktisch weltweit nicht der Fall, im Gegenteil: Wir nähern uns immer mehr dem zweitgenannten Extrem.

Der erste und wichtigste Beitrag zur Lösung bereits bestehender ökologischer Probleme ist wohl darin zu sehen, daß man überhaupt erst einmal ihre Dringlichkeit begreift und erkennt, daß die Hauptschwierigkeit einer effizienten Umwelt- und Ressourcenpolitik nicht technischer oder finanzieller, sondern sozialer, politischer und letztlich ethischer Natur ist.

Obwohl der ethische Aspekt der ökologischen Problematik allgemein wenig Beachtung findet, ist er doch der eigentlich zentrale, weil das auf utilitaristische Gesichtspunkte fixierte Bewußtsein für die Lösung der anstehenden Probleme nicht nur unzureichend, sondern geradezu kontraproduktiv erscheint. Ethische Erörterungen politischer Themen werden in der Regel als „unpolitisch“ und naiv abgetan, was unter anderem in der Umweltdiskussion (aber z.B. auch in der Sicherheitsdiskussion) sehr deutlich wird. Die meisten politischen Themen haben jedoch einen ethischen Kern; die verbreitete Neigung, diese Themen den „Experten“ zu überlassen, verkennt, daß diese Experten gegenüber den „normalen Bürgern“

keinen Kompetenzvorsprung in bezug auf ethische Fragen haben, d.h. nicht besonders qualifiziert sind, zu entscheiden, an welchen grundsätzlichen Wertvorstellungen der zivilisatorische Prozeß in bezug auf die betreffenden Probleme ausgerichtet werden soll.

Bei der Abwehr ethischer Argumentationen wird häufig die „Rationalität" bemüht, und diese erscheint gewissermaßen als geistige Substanz der allgegenwärtigen „Sachzwänge". Die häufige Ausblendung ethischer Gesichtspunkte bei relevanten gesellschaftlichen und politischen Entscheidungen ist jedoch nur scheinbar rational, weil Ethik ja nicht nur eine abstrakte, sozusagen transzendente Qualität hat, sondern auch sehr praktische Orientierungshilfen für ein langfristiges, vernünftiges und humanes Zusammenleben abzuleiten erlaubt. Mit Bezug auf die ökologische Problematik schreibt von Weizsäcker in diesem Sinne:

> „Wir werden die Natur nie beherrschen, vielmehr sind wir ein Teil des lebenserhaltenden Kreislaufs. Wir werden es bleiben, wenn wir ihn nicht zerstören, sondern achten.
>
> Da gibt es endgültig keinen Gegensatz mehr zwischen Moral und Interesse. Sie fließen in eins zusammen. Zu dieser Erkenntnis sollte jeder mithelfen so gut er kann".[1]

Nicht die ökologisch motivierte Kritik an den bestehenden Verhältnissen ist irrational, sondern die Legitimierung dieser Verhältnisse im Rahmen der vorherrschenden Verdrängungsideologien und Fortschrittsmythen. Diesbezüglich gibt es viele Beispiele, wie etwa die Tatsache, daß die meisten Flüsse massiv verschmutzt werden, aber gleichzeitig Trinkwasser liefern sollen, das mit einem großen technischen und finanziellen Aufwand geklärt werden muß. In ähnlicher Weise werden die Waldschäden erst produziert und mit einem gewissen Fatalismus hingenommen, und dann werden die lawinengefährdeten Hänge armiert, die Waldböden gekalkt und „resistente Arten" gezüchtet. Auch die Artenvielfalt wird erst einmal massiv reduziert, und dann werden „Gen-Banken" aufgebaut, um das betreffende genetische Material zu erhalten, und es werden künstlich aufgezogene Tiere ausgesetzt, die jene ersetzen sollen, die zuvor ausgerottet worden sind. Für Absurditäten scheint es diesbezüglich keine Grenzen zu geben. Ende 1986 wurde in Kalifornien ein ausgedehnter Buschbrand gelegt, um die Lage nach einem Atomkrieg zu simulieren. Es sollte herausgefunden werden, ob der Rauch der brennenden Städte und Wälder im Verein mit dem durch Hunderte von Kernwaffenexplosionen aufgewirbelten Staub wirklich einen „atomaren Winter" auslösen würde.[2]

Derartige Beispiele (nicht nur aus dem ökologischen Bereich) lassen sich in beliebiger Zahl auflisten. Sie machen deutlich, daß unsere Zivilisation hochgradig ambivalent ist und starke irrationale sowie autodestruktive Züge hat. Die Neigung der Nutznießer und Verteidiger der bestehenden Verhältnisse, deren Kritikern die intellektuelle und politische Kompetenz abzusprechen, hat nicht selten einen ziemlich arroganten Unterton. Dabei mangelt es nicht an Qualifizierungen, von denen die Unterstellung „Zurück-in-die-Steinzeit" noch die harmloseste ist. Die moderne Ökologiebewegung will nicht zurück in die Steinzeit, sie widersetzt sich aber sehr wohl einem unkritischen Fortschrittsglauben, der den wünschenswerten Fortschritt weniger fördert als gefährdet.

Die Umweltpolitik der meisten Staaten – und zwar ganz besonders in der Dritten Welt – ist unzureichend. Neben vielfachen Beschönigungen und Beschwichtigungen sowie einem häufig recht pragmatischen Verhältnis zur Wahrheit ist immer wieder von „großen Anstrengungen" die Rede. Betrachtet man diese großen Anstrengungen genauer, so sind sie ein mikroskopischer Bruchteil jener Anstrengungen, die auf Aktivitäten verwendet werden, mit denen das zu reparierende Milieu zuvor geschädigt wurde. Die bislang bevorzugte Politik der Appelle ist sicherlich kein effizientes Mittel, um kollektives Verhalten zu ändern. Statt dessen muß die Umweltpolitik ein integraler Bestandteil der Gesamtpolitik werden, ähnlich wie es die Wirtschafts- und die Sicherheitspolitik bereits geworden sind. Dies betrifft natürlich auch eine ganz andere juristische Behandlung der ökologischen Problematik als bisher.

Bezüglich der Politik sei noch auf einen Aspekt hingewiesen, der von der Psychoanalyse beleuchtet wird. Sie macht darauf aufmerksam, daß das menschliche Verhalten – und zwar auch das politische – häufig von unbewußten Phantasien bestimmt wird und nicht von jenen vermeintlichen Sachzwängen, die als rationale Begründung vorgeschoben werden. Die normativen Strukturen der Gesellschaft – darunter auch das Recht – „werden erst dann verändert, wenn die inneren Normen, die Denkzwänge und die Einschränkungen der Phantasie sich verändert haben oder verändern".[3] Wie oben bereits angemerkt wurde, bedarf es zur globalen und langfristigen Lösung der ökologischen Problematik einer neuen kollektiven Ethik; im Lichte dieser Ethik würde es zu einer erheblichen Verschiebung der Werte und zu einer sehr kritischen Revision der sogenannten Sachzwänge kommen. Umwelt- und Ressourcenschutz muß kollektiv wirklich „gewollt" werden, bevor technokratische Einzelmaßnahmen eine wirkliche Wende herbeiführen können, ähnlich wie eine bewußt gesunde Lebensweise und die Inanspruchnahme medizinischer Vorsorge ein besseres Rezept sind als der Raubbau am eigenen Körper und ständige Notoperationen an den jeweils schlimmsten Symptomen.

Der entscheidende Beitrag zur Lösung der ökologischen Probleme kann nicht allein vom Staat oder von den „Experten" kommen, sondern vor allem von einer Änderung des kollektiven Bewußtseins. Zwei Bereiche stehen dabei im Vordergrund, nämlich die vorherrschenden Fortschrittsmythen und die damit zusammenhängende Wertordnung.

Wie in Kap. III.1 bereits ausgeführt wurde, ist unsere Alltagskultur reich an optimistischen Fortschrittsmythen, in denen die autodestruktiven Tendenzen des vorherrschenden zivilisatorischen Prozesses beschönigt bzw. unterschätzt werden. Wer in einer Beschleunigung dieses Prozesses die Lösung der gegenwärtigen Probleme sieht, der verabreicht sozusagen einem schwerkranken Patienten die falsche Medizin in doppelter Dosis. Die neuerdings favorisierten ökonomischen Konzepte der Umweltpolitik („Umweltschutz muß sich lohnen") sind zwar „systemimmanent“ grundsätzlich zu begrüßen, zeigen zugleich aber auch jene Durchökonomisierung des Bewußtseins, die überhaupt erst zu der gegenwärtigen Kalamität geführt hat und die es zu überwinden gilt.[4]

Vor dem Hintergrund der sich anbahnenden ökologischen Katastrophe muß man sich wohl stärker als bisher darauf besinnen, daß die Wirtschaft im Dienste des Menschen steht und nicht umgekehrt. Der immanente Sinn des wirtschaftlichen Prozesses sollte eigentlich darin bestehen, die kollektive Lebensqualität zu verbessern. Zwischen Lebensstandard und Lebensqualität besteht wohl eine Beziehung, sicherlich aber keine Identität. Die Anhebung des kollektiven Lebensstandards führt nicht automatisch zu einer Verbesserung der kollektiven Lebensqualität; in bezug auf deren ökologische Dimension kommt es im Gegenteil zu einer – zunehmend extremen – Verschlechterung. Ganz besonders drastisch geschieht dies in der Dritten Welt, wobei dort angesichts starker sozialer Asymmetrien zusätzlich zu beachten ist, daß nicht einmal von einer nennenswerten Anhebung des kollektiven Lebensstandards gesprochen werden kann.

Eine Erfahrung vieler Kulturen, die in zahlreichen Mythen, Legenden, Kalenderweisheiten und Sprichwörtern ihren Niederschlag gefunden hat, besagt, daß das glückliche Leben „erdnah“ und einfach ist. Mit Bezug auf die buddhistische Lebensweise schreibt Schumacher: „Erstaunlich geringe Mittel führen zu überaus zufriedenstellenden Ergebnissen“.[5] Die moderne wirtschaftliche und technische Entwicklung, die sehr ambivalente Resultate erbringt, bezieht ihre Dynamik nicht vorrangig aus einem ihr inhärenten, vernünftigen bzw. ethischen Zwecke, sondern aus dem weitgehend ungeplanten Zusammenwirken vieler Einzelinteressen.[6] Es ist merkwürdig, daß sich die Aufmerksamkeit der meisten Zeitgenossen auf den individuellen Lebensstandard und ständig neue Varianten des Konsums konzentriert und nicht etwa auf die Frage, wie es um die Zukunftsperspektiven der gesamten Menschheit steht, z.B. in bezug auf die Friedenssicherung oder den hier interessierenden Umwelt- und Ressourcenschutz.[7]

Die aus dem Zusammenwirken vieler Einzelinteressen resultierende kollektive Lebensqualität ist mehr das ungeplante Nebenprodukt als das eigentliche Ziel des gesellschaftlichen Prozesses. Insofern muß die Richtung dieses Prozesses ein Gegenstand kritischer Reflexion sein, wenn man sich mit der Frage der kollektiven Lebensqualität befaßt, und dies ist bezüglich der ökologischen Problematik im Verlaufe dieser Studie bereits verschiedentlich deutlich geworden (vgl. Kap. III.1).

Der sogenannte Fortschritt, in den die Arbeitsleistung ganzer Generationen investiert wurde und wird, bekommt immer mehr die Züge eines Alptraums als diejenigen eines Traums. Dies gilt nicht nur für die gesamte ökologische Problematik, sondern auch für viele andere Bereiche. Es ist schon sehr eigenartig, daß die Frage nach dem erstrebenswerten und sinnvollen Gesamtziel des gesellschaftlichen Prozesses bzw. die Frage nach dem Verhältnis von Aufwand und Nutzen nur selten gestellt wird. Häufig gilt es geradezu als naiv, eine solche Frage zu stellen, und sie ist wohl auch tatsächlich naiv, wenn man bedenkt, wie sehr die vermeintlichen Sachzwänge – d. h. die Bestimmungsfaktoren des Status quo – das kollektive Bewußtsein dominieren.

Der moderne zivilisatorische Prozeß erinnert an eine Eisenbahn, die auf ein falsches Gleis geraten ist: Das Problem wird nicht dadurch gelöst, daß die Lokomotive schneller fährt oder daß die Reisenden den Irrtum nicht erkennen; je weiter und je schneller der Zug fährt, um so größer wird das Problem, unabhängig davon, ob die Reisenden aus dem Fenster schauen oder nicht. Es gehört zu den wenig beachteten, aber erstaunlichen Merkmalen des sogenannten Fortschritts, daß die menschliche Potenz in vielen Bereichen geradezu atemberaubend zunimmt, die kollektive Vernunft hinter dieser Entwicklung jedoch weit zurückbleibt, und zwar in einem solchen Ausmaß, daß die Zunahme der Potenz mehr Probleme schafft als sie löst. Im Grunde wissen wir genau, was wir nicht tun dürfen, aber wir tun es trotzdem.[8]

Nicht weniger erstaunlich ist die Tatsache, daß die Menschheit im Zusammenhang mit der weltweiten Milieuschädigung (und natürlich auch im Zusammenhang mit der internationalen Rüstungsspirale oder der Unterentwicklung in der Dritten Welt) eine Katastrophe apokalyptischen Ausmaßes riskiert, obwohl die Möglichkeiten, sie zu vermeiden, theoretisch ziemlich simpel sind. Das Problem besteht darin, diese simplen Lösungsmöglichkeiten praktisch, d.h. politisch durchzusetzen. Es ist wohl so, daß die menschliche Vernunft gerade dort am stärksten versagt, wo sie besonders dringlich wäre, nämlich bei der Frage, wie das Zusammenleben vieler Menschen nach den Kriterien der Existenzsicherung, Sozialverträglichkeit und Umweltfreundlichkeit global und langfristig gestaltet werden kann.[9]

Die ökologische Problematik ist einer von vielen Bereichen, in denen der Mangel an kollektiver Vernunft besonders deutlich hervortritt. Im Falle der Dritten Welt, wo sich bereits heute wahre ökologische Katastrophen abspielen, ist es nicht leicht zu verstehen, daß die extreme und zunehmende Verschlechterung der allgemeinen Lebensqualität als ein ziemlich nebensächlicher Aspekt der gesellschaftlichen Entwicklung betrachtet wird.

Der zivilisatorische Prozeß läuft in der Dritten Welt mit wenigen regionalen Ausnahmen tatsächlich nicht in Richtung auf ein Verbesserung, sondern im Gegenteil in Richtung auf eine Verschlechterung der allgemeinen Lebensqualität, obwohl sich einzelne „soziale Indikatoren" durchaus positiv entwikkeln mögen. Die Abbildung der gesellschaftlichen Wirklichkeit mittels Indikatoren mag für bestimmte Fragestellungen zwar sinnvoll sein, meistens produziert sie aber eine statistische Fiktion, die mit dem wahren Leben der Menschen wenig zu tun hat.

Ein wichtiger Aspekt der kollektiven Unvernunft betrifft die offensichtliche Schwierigkeit, die unterschiedlichen Einzelinteressen nach der Priorität des Gemeinwohls zu koordinieren und zu disziplinieren, da hinter bestimmten Einzelinteressen häufig mehr Macht steht als hinter den Bemühungen um eine optimale gesellschaftliche Synthese, so daß sich der gesellschaftliche Prozeß mehr als Resultat einer permanent ausgekämpften Interessenkonkurrenz als einer vernünftigen Interessenintegration darstellt. Es versteht sich, daß die Einseitigkeit und die Kompromißlosigkeit, mit denen bestimmte Interessen in diktatorischen Systemen durchgesetzt werden, noch sehr viel mehr Probleme aufwerfen als die grundsätzlich bejahte Interessenkonkurrenz in demokratischen Systemen. Dieser Punkt ist im Vergleich zwischen den westlichen Industrienationen und den Drittwelt-Staaten zusätzlich zu beachten, da in letzteren die diktatorischen Systeme häufig und die demokratischen Systeme zumeist labil sowie im Hinblick auf zahlreiche Kriterien defizient sind.

Im Zuge einer intensiveren Beschäftigung mit der Frage, inwieweit der sogenannte Fortschritt an vernünftigen Zielen ausgerichtet ist, muß es zu einer kritischen Revision der vorherrschenden Werte kommen, wenn globale und langfristige Lösungen für die ökologische Problematik gefunden werden sollen.

Es fehlt aber nicht nur an Vernunft, sondern an einem Wertgefühl für die Natur und für die Landschaft an sich, d.h. ohne ökonomische Gedanken bzw. Hintergedanken, wie es generell an einer Sensibilität für die Bedeutung ökonomisch nutzloser Dinge mangelt. Es ist üblich geworden, die Welt so zu betrachten, wie ein Holzfäller den Wald oder ein Jäger den Hasen betrachtet. Der allgegenwärtige Utilitarismus, d.h. die einseitige Bewertung der Dinge nach ihrer Nützlichkeit, ist die Folge einer ethischen und ästhetischen Verarmung, die wohl beispiellos in der menschlichen Geschichte ist.

In den letzten Jahrzehnten haben sich die Destruktivkräfte auf der ganzen Welt verstärkt. Trotz einzelner erfolgreicher Gegenmaßnahmen ist die Gesamttendenz besorgniserregend, und es bestehen berechtigte Zweifel an den Chancen für eine globale Selbstkorrektur. Ökologische Probleme lassen sich nicht „aussitzen", es gibt keinen Erfolg durch Abwarten, im Gegenteil: Globale und lokale Maßnahmen sind dringend erforderlich und werden nur dann erfolgreich sein, wenn der Umwelt- und Ressourcenschutz Priorität im kollektiven wie im politischen Bewußtsein bekommt.

VI. Anhang

1. Materialien

a. Beispielhafte Wirkungen von Umweltbelastungen

Sichtbarkeit
Stickstoffdioxid: gelbliche Trübung der Luft
aromatische Kohlenwasserstoffe (Benzol, Toluol, Xylol): Verbrennen unter Rußabscheidung
Gewässer Güteklasse I = blau, II = grün, III = gelb, IV = rot, darüber: schwarz

Sonstige Sinneswahrnehmungen
Chlorwasserstoff, Fluorwasserstoff: stechender Geruch
Schwefelwasserstoff: riecht nach faulen Eiern
Lärm: zu hören
Erschütterungen: zu fühlen, an beweglichen Haushaltsgegenständen zu registrieren

Wirkungen auf
Pflanzen: Chlorwasserstoff, Fluorwasserstoff, Schwefeldioxid: besonders pflanzenschädliche Gase
Chlorwasserstoff: empfindliche Reaktion einiger Laub- und Nadelhölzer
Schwefeldioxid: empfindliche Reaktion von Wald- und Obstbäumen, Salatpflanzen, Getreide etc.
Kadmium: besonders pflanzenschädliches Schwermetall
Tiere: polychlorierte Biphenyle: Destabilisierung von Eierschalen, deren Bruch vor Beendigung des Brutvorganges, Aussterben mehrerer Vogelarten
Materialien: Chlorwasserstoff: Metallkorrosionen
Fluorwasserstoff: Glas-Mattätzungen
Schwefeldioxid: vielfältige immissionsbedingte Werkstoffschäden
Kohlendioxid: Auslaugen kalkhaltiger Baustoffe
Stickoxide: Versprödung, chemische Umsetzung von Kunststoffen

Belästigungen bis Gesundheitschädigungen
Chlorwasserstoff, Kohlenmonoxid, photochemische Oxidantien, Toluol, Blei, Kadmium: Kopfschmerzen
Chlorwasserstoff, Kohlenmonoxid, Toluol: Müdigkeit
Schwefeldioxid, Kohlenmonoxid, photochemische Oxidantien, Vinylchlorid, Blei: Augenreizungen, Hornhauttrübungen etc.
Chlorwasserstoff, Schwefeldioxid, Stickoxide, Selen: Reizungen, Ätzungen, Entzündungen im Bereich der Atemwege
Kohlenmonoxid, Blei, Toluol, Lärm ab spätestens 50 dB(A): Schlafstörungen

Einbußen an ästhetischer und erlebnismäßiger Vielfalt
Veränderungen und Dezimierung von Außenvegetation und Tierwelt, Beschädigung und Zerstörung historischer Bauten: Verlust von lokaler und historischer Identität und anderen Naturerlebnissen

*Erhöhter Zeit- und Kostenaufwand**
Verschmutzung und Verfall von Materialien: häufiges Waschen, Putzen; Reinigung von Wohnung, Kleidung, Autos etc.; früherer Ersatz von „langlebigen" Konsumgütern
Geruchs- und Lärmbelästigungen: Einbau von Lüftungskontrollen, Maßnahmen zur Lärmisolierung

Behinderungen der individuellen Entfaltung
Kommunikationsstörungen durch Lärm ab ca. 40 dB(A)
Beeinträchtigung von Konzentration, Lern- und Leistungsfähigkeit durch Lärm ab ca. 45 dB(A), Kohlenmonoxid und Toluol
Intelligenzminderung bei Kindern: Blei (?)
Allgemeine Herabsetzung der psychischen Belastbarkeit: Stickoxide, photochemische Oxidantien, Dioxin

Beeinträchtigungen sozialer Beziehungen
Einschränkung außerhäuslicher Aktivitäten (einschl. Balkon und Garten) wegen Lärm, Schmutz und Gestank in der unmittelbaren Wohnumgebung, gleichzeitig Erhöhung von Nutzungsansprüchen und ggfs. Nutzungskonflikten in den Wohnungen
Allgemeine Senkung des Motivierungs- und Aktivitätsgrades, Reduzierung und Verarmung von Beschäftigungen aufgrund von „Belästigungen"

* *Anm.:* Erhöhter Zeit- und Kostenaufwand aufgrund umweltbedingter Investitionen und Reparaturen dürfte, bei gegebenen endlichen Ressourcen, ebenfalls Beschränkungen der individuellen Entfaltung und sozialer Beziehungen bewirken; dieserart Tertiärwirkungen und Wirkungen weiteren Grades sind, zugunsten des einfacheren Verständnisses, in dieser Zusammenstellung nicht berücksichtigt worden.

Quelle: Katrin Gillwald, Psychische und soziale Auswirkungen mäßiger Umweltqualität, in: Aus Politik und Zeitgeschichte, B 42/83, 22.10. 1983, S.25–33 (27, 28).

b. Auszüge aus der Rede des Häuptlings Seattle vor dem Präsidenten der Vereinigten Staaten im Jahre 1855

Wir sind ein Teil der Erde, und sie ist ein Teil von uns. Die duftenden Blumen sind unsere Schwestern, die Rehe, das Pferd, der große Adler – sind unsere Brüder. Die felsigen Höhen, die saftigen Wiesen, die Körperwärme der Ponys – und des Menschen – sie alle gehören zur gleichen Familie ...

Wir wissen, daß der weiße Mann unsere Art nicht versteht. Ein Teil des Landes ist ihm gleich jedem anderen, denn er ist ein Fremder, der kommt in der Nacht und nimmt von der Erde, was immer er braucht. Die Erde ist sein Bruder nicht, sondern Feind, und wenn er sie erobert hat, schreitet er weiter. Er läßt die Gräber seiner Väter zurück – und kümmert sich nicht. Er stiehlt die Erde von seinen Kindern – und kümmert sich nicht. Seiner Väter Gräber und seiner Kinder Geburtsrecht sind vergessen. Er behandelt seine Mutter, die Erde, und seinen Bruder, den Himmel, wie Dinge zum Kaufen und Plündern, zum Verkaufen wie Schafe oder glänzende Perlen. Sein Hunger wird die Erde verschlingen und nichts zurücklassen als eine Wüste ...

Ich habe tausend verrottende Büffel gesehen, vom weißen Mann zurückgelassen – erschossen aus einem vorüberfahrenden Zug. Ich bin ein Wilder und kann nicht verstehen, wie das qualmende Eisenpferd wichtiger sein soll als der Büffel, den wir nur töten, um am Leben zu bleiben. Was ist der Mensch ohne die Tiere? Wären alle Tiere fort, so stürbe der Mensch an großer Einsamkeit des Geistes. Was immer den Tieren geschieht – geschieht bald auch den Menschen. Alle Dinge sind miteinander verbunden.

Was die Erde befällt, befällt auch die Söhne der Erde ... Wie kann man den Himmel oder die Wärme der Erde kaufen – oder die Schnelligkeit der Antilope? Wie können wir Euch diese Dinge verkaufen – und wie könnt Ihr sie kaufen? Könnt Ihr denn mit der Erde tun, was Ihr wollt – nur weil der rote Mann ein Stück Papier unterzeichnet – und es dem weißen Manne gibt? Wenn wir nicht die Frische der Luft und das Glitzern des Wassers besitzen – wie könnt Ihr sie von uns kaufen? Könnt Ihr die Büffel zurückkaufen, wenn der letzte getötet ist? ...

Der weiße Mann, vorübergehend im Besitz der Macht, glaubt, er sei schon Gott – dem die Erde gehört. Wie kann ein Mensch seine Mutter besitzen?

Wenn die Büffel alle geschlachtet sind – die wilden Pferde gezähmt – die heimlichen Winkel des Waldes, schwer vom Geruch vieler Menschen

– und der Anblick reifer Hügel geschändet von redenden Drähten – wo ist das Dickicht – fort, wo der Adler – fort, und was bedeutet es, Lebewohl zu sagen dem schnellen Pony und der Jagd:

Das Ende des Lebens – und den Beginn des Überlebens. Gott gab Euch Herrschaft über die Tiere, die Wälder und den roten Mann, aus einem besonderen Grund – doch dieser Grund ist uns ein Rätsel. Vielleicht könnten wir es verstehen, wenn wir wüßten, wovon der weiße Mann träumt – welche Hoffnungen er seinen Kindern an langen Winterabenden schildert – und welche Visionen er in ihre Vorstellungen brennt, so daß sie sich nach einem Morgen sehnen. Aber wir sind Wilde – die Träume des weißen Mannes sind uns verborgen.

Quelle: Wir sind ein Teil dieser Erde, Olten/Freiburg 1982, S. 10–35.

Diese Rede wurde zwar gehalten, aber der heute vorliegende Text ist im Wortlaut nicht authentisch; er wurde aus der Erinnerung protokolliert und mehrmals redigiert; insofern ist er historisch nicht unbedingt „echt“, aber trotzdem sehr eindrucksvoll.

2. Anmerkungen

Vorwort

1 Vgl. Hans-Jürgen Harborth, Ökologiedebatte und Entwicklungstheorie, Berlin 1985, S. 1.

2 Sie basiert auf drei Vorarbeiten des Verfassers: Umwelt- und Ressourcenschutz als nationales und internationales Problem – Ein Diskussionsbeitrag zur politischen Ökologie der Dritten Welt, Ebenhausen, Oktober 1986; Wenn der letzte Schmetterling in den Zoo fliegt, in: Die ZEIT, 5. 12. 1986, S. 36–39; Ökologische Aspekte der Unterentwicklung – Fakten, Tendenzen und Handlungsbedarf in bezug auf den Umwelt- und Ressourcenschutz in der Dritten Welt, Ebenhausen 1987. Es sollte an dieser Stelle nicht unerwähnt bleiben, daß der Verfasser von Hause aus Lateinamerikanist ist, was zu einem gewissen Übergewicht an Beispielen aus Lateinamerika geführt hat, weil die betreffende Literatur leichter verfügbar war. Die Tatsache, daß sich ein Lateinamerikanist mit der Dritten Welt als Gesamtregion befaßt, wirft jedoch kein grundsätzliches Kompetenzproblem auf, weil alle sogenannten Dritte-Welt-Experten eigentlich auf kleinere Regionen spezialisiert sind.

3 Bernhard Glaeser, Ökologie als Ausgangspunkt eines alternativen Entwicklungskonzepts, in: Jörg Freiberg u. a. (Hrsg.), Drei Welten – eine Umwelt. Materialien einer Tagung über Ökologie und Dritte Welt, Saarbrücken 1984, S. 257–275 (257).

1 Gordon Rattray Taylor, Das Selbstmordprogramm. Zukunft oder Untergang der Menschheit, Frankfurt 1973, S. 47. Zahlreiche und gut recherchierte Beispiele für die weltweite Umweltschädigung finden sich in der von der Royal Swedish Academy of Sciences herausgegebenen Zeitschrift AMBIO.

2 Council on Environmental Quality / Department of State (Hrsg.), The Global 2000 Report to the President, Washington 1980, Band 1, S. 1.

3 ebd., S. 5 – Vgl. Dennis Meadows u. a., Die Grenzen des Wachstums. Bericht des Club of Rome zur Lage der Menschheit, Stuttgart 1972, S. 3.

4 Vgl. Herbert Gruhl, Ein Planet wird geplündert, Frankfurt 1975, S. 131.

5 Biologen verstehen unter einer ökologischen Katastrophe den Zusammenbruch großräumiger natürlicher Biotope. Politiker und Sozialwissenschaftler verwenden den Begriff mehr im Hinblick auf eine extreme Milieuverschlechterung für das menschliche Leben sowie für den Kollaps ökonomischer Systeme aufgrund von Ressourcenvergeudung und -verknappung. In der Dritten Welt kündigt sich eine Katastrophe mit allen diesen Dimensionen an, wenn auch in regional unterschiedlicher Art und Intensität.

6 Vgl. Ulrich Albrecht, Weltweite Rüstung als Problem der internationalen Umweltpolitik, in: P. C. Mayer-Tasch (Hrsg.), Die Luft hat keine Grenzen, Frankfurt 1986, S. 257–270.

7 John Kettle, Interview with Gerald Barney, Director of the US President's Global 2000 Study, in: Futures, Vol. 13, No. 6 (Dezember 1981), S. 508–513 (512).

8 Mostafa Tolba, Excessive Demands on our Environment cannot be sustained for very long, in: The Courier, No. 87, September/Oktober 1984, S. 60–62 (60).

9 Council on Environmental Quality/Department of State, The Global 2000 Report, S. 37 ff.; vgl. Hoimar von Ditfurth, So laßt uns denn ein Apfelbäumchen pflanzen. Es ist soweit, Hamburg/Zürich 1985, S. 133.

10 Vgl. Volkmar J. Hartje, Zur Erhaltung genetischer Ressourcen, in: Zeitschrift für Wirtschafts- und Sozialwissenschaften, Vol. 106, No. 3, 1986, S. 229–252 (229).

11 Vgl. Das Rotkehlchen ist vom Aussterben bedroht, in: Süddeutsche Zeitung (SZ), 7. 11. 1986, S. 63.

12 Vgl. Gruhl, Ein Planet, S. 89, 112–114; Kettle, Interview with Gerald Barney, S. 509.

13 Gruhl weist im Falle der nichtlebenden Rohstoffe zu Recht darauf hin, daß die englische Bezeichnung „Resources“ (dt.: Ressourcen) eigent-

lich irreführend sei, weil sie eine ständige Erneuerbarkeit suggeriere; demgegenüber wecke die deutsche Bezeichnung „Bodenschätze" eine treffende Assoziation; vgl. Gruhl, Ein Planet, S. 49.

14 Was „überflüssige Produkte" genau sind, läßt sich wohl nicht ganz eindeutig bestimmen. Gemeint sind im weitesten Sinne Luxuskonsumgüter und deren vorgelagerte Produktionskette sowie der kurzlebige modische „Schnickschnack". In einem interessanten Interview der Süddeutschen Zeitung mit dem Vorsitzenden des Deutschen Gewerkschaftsbundes, Heinz Oskar Vetter, (26.7. 1972) wurde festgestellt, daß ein Drittel der modernen Industrieprodukte überflüssig und ein weiteres Drittel untauglich sei; vgl. Gruhl, Ein Planet, S. 297.

15 Vgl. Council on Environmental Quality / Department of State, The Global 2000 Report, S. 29. Meadows gibt folgende Zahlen auf anderer Berechnungsgrundlage an (erste Zahl – zeitliche Verfügbarkeit in Jahren [ab 1970] bei exponentiellem Verbrauch in bezug auf die bekannten Vorräte; zweite Zahl – das gleiche im Falle von fünffachen Vorräten): Kohle (111/150); Erdöl (20/50); Erdgas (22/49); Eisen (93/173); Aluminium (31/55); Blei (21/64); Kupfer (21/48); Zink (18/50); Zinn (15/61); Nickel (53/96); Quecksilber (13/41); Silber (13/42); Mangan (46/94); Wolfram (28/72); Chrom (95/154); Kobalt (60/148); Gold (9/29); Platin (47/85); Molybdän (34/65) (Meadows, Die Grenzen des Wachstums, S. 46).

16 Vgl. E. F. Schumacher, Small ist Beautiful. Die Rückkehr zum menschlichen Maß, Reinbek 1977, S. 108; Taylor, Das Selbstmordprogramm, S. 285. Gruhl hat in einer einprägsamen Umrechnung festgestellt, daß jeder US-Bürger täglich eine Energiemenge verbraucht, die der Arbeitskraft von einhundert Sklaven entspricht; vgl. Gruhl, Ein Planet, S. 52 und 161.

17 Vgl. Meadows, Die Grenzen des Wachstums. Detaillierte Angaben zum Weltrohstoffverbrauch finden sich in Council on Environmental Quality / Department of State, The Global 2000 Report, Band 2.

18 Gruhl, Ein Planet, S. 92; ferner ebd., S. 91–93.

19 ebd., S. 116.

20 Vgl. Schumacher, Small is Beautiful, S. 23.

21 Vgl. Welt-Energieverbrauch 1985, in: SZ, 10. 10. 1986, S. 27.

22 Vgl. Das Weltproblem der fossilen Brennstoffe, in: Blick durch die Wirtschaft, 22. 8. 1986, S. 4 f.

23 Vgl. Council on Environmental Quality / Department of State, The Global 2000 Report, S. 39.

24 ebd., S. 32.

25 ebd., S. 24 f.

26 Zu globalen Klimaänderungen vgl. Wilfrid Bach, Anthropogene globale Klimaänderungen, in: Mayer-Tasch, Die Luft hat keine Grenzen, S. 96–116; Klimaforscher: Erwärmung größtes Problem, in: SZ, 10. 11. 1986, S. 40.

27 Vgl. Volker Prittwitz, Die Luft hat keine Grenzen – das Problem der weiträumigen Luftverschmutzung, in: Mayer-Tasch, Die Luft hat keine Grenzen, S. 61–70.

28 Vgl. Wolfgang Zängl, Die weltweite Zerstörung von Kulturgütern als Problem internationaler Umweltpolitik, in: Mayer-Tasch, Die Luft hat keine Grenzen, S. 243–256.

29 4% der Weltbevölkerung sind nicht mit hygienisch vertretbarem Wasser versorgt; täglich sterben 50000 Menschen wegen Wassermangels, unzureichender sanitärer Anlagen oder durch Wasser verursachter Krankheiten; vgl. Deutsche Stiftung für Umweltpolitik (Hrsg.), Umwelt-Weltweit. Bericht des Umweltprogramms der Vereinten Nationen (UNEP) 1972–1983, Berlin 1983.

30 Vgl. Alexander Mitscherlich, Die Unwirtlichkeit unserer Städte – Anstiftung zum Unfrieden, Frankfurt 1967.

31 Wir sind ein Teil dieser Erde. Die Rede des Häuptlings Seattle vor dem Präsidenten der Vereinigten Staaten von Amerika im Jahre 1855, Olten/Freiburg 1982, S. 18f. Vgl. die Anm. zum Textauszug im Anhang, VI, 1.b.

32 Vgl. Josef K. Heringer / Reinhold Schumacher, Die Gefährdung land- und forstwirtschaftlich genutzter Böden als Problem der internationalen Umweltpolitik, in: Mayer-Tasch, Die Luft hat keine Grenzen, S. 121–133 (121).

33 ebd., S. 124.

34 Vgl. Food and Agricultural Organization, The State of Food and Agriculture 1977, Rom 1978, S. 3–54.

35 Vgl. United Nations Conference on Desertification: An Overview, Nairobi 1977.

36 Nach der Projektion der „Global 2000"-Studie wird sich der Pestizid-Verbrauch im Jahre 2000 gegenüber 1975 ungefähr vervierfachen, möglicherweise sogar versechsfachen; vgl. Council on Environmental Quality / Department of State, The Global 2000 Report, S. 35. Zum Pflanzenschutzmittel DDT vgl. Taylor, Das Selbstmordprogramm, S. 129ff.

37 Vgl. Gruhl, Ein Planet, S. 101 und 104.

38 In der Dritten Welt besteht bereits heute eine Situation, die Gruhl weltweit prognostiziert: „Sobald die ersten Zusammenbrüche gemeldet werden, wird uns nichts mehr möglich sein als pausenlose Katastropheneinsätze jahraus und jahrein" (ebd., S. 26).

II. Kapitel

1 Der Versuch, die Dritte Welt genau abzugrenzen, führt meistens zu ziemlich willkürlichen Zuordnungen und mühsamen definitorischen Haarspaltereien. Hier soll die Dritte Welt verstanden werden als die

Summe der sogenannten armen Länder (einschließlich der sogenannten Schwellenländer) Afrikas, Asiens und Lateinamerikas, wobei die Klassifizierung der Grenzfälle (z. B. Rumänien oder Südafrika) in diesem Zusammenhang nicht sehr relevant ist.

2 Tolba, Excessive Demands, S. 60–62 (62).

3 Eine gute Übersicht gibt die nachfolgend genannte Publikation, die stärker als die vorliegende Arbeit auf detaillierte technokratische Problemidentifizierung und Problemlösung ausgerichtet ist: Winrich F. Weimert / Reinhold Kress / Hans-Jürgen Karpe, Umweltprobleme und nationale Umweltpolitiken in Entwicklungsländern, Köln 1981, S. 21–75. Eine detaillierte Auflistung der ökologischen Probleme von 63 Staaten der Dritten Welt (offizielle Selbstdarstellung) findet sich in Raymonde Gour-Tanguay (Hrsg.), Environmental Policies in Developing Countries, in: Beiträge zur Umweltgestaltung, Heft A 27, 1977.

4 Das Problem der Überfischung betrifft auch die Weltmeere; vgl. Council on Environmental Quality / Department of State, The Global 2000 Report, S. 23; vgl. auch Abschnitt I.

5 Zahlreiche Beispiele hierfür finden sich in Taylor, Das Selbstmordprogramm, S. 83 ff.

6 Vgl. von Ditfurth, So laßt uns denn ein Apfelbäumchen pflanzen, S. 135. Vgl. auch Hartje, Zur Erhaltung genetischer Ressourcen, S. 229–252.

7 Gute Beispiele für anthropogene Klimaveränderungen sind der brasilianische Nordosten und das bolivianische Hochland (s. unten).

8 Vgl. Abschnitt II/4.

9 Zum privaten und industriellen Holzverbrauch in der Dritten Welt vgl. The Woodfuel Crisis, in: The Courier, No. 95, Januar/Februar 1986, S. 65–93.

10 Vgl. Gruhl, Ein Planet, S. 87; Elmar Römpczyk, Internationale Umweltpolitik als entwicklungspolitische Herausforderung. Forschungsinstitut der Friedrich-Ebert-Stiftung, Bonn 1986, S. 21; Jean François Bélières / Sylvain Strasfogel, Forests in Dry Areas in The Tropics – What is at Stake, in: The Courier, No. 87, September/Oktober 1984, S. 68–71.

11 Vgl. N. Myers, The Present Status and Future Prospects of Tropical Moist Forests, in: Environmental Conservation, Vol. 7, No. 2 (1980), S. 809.

12 Council on Environmental Quality / Department of State, The Global 2000 Report, S. 26 und 39.

13 Eines von zahlreichen Beispielen hierfür ist Haiti; vgl. Felix Prinz zu Löwenstein, Haiti: Eine Koalition gegen die ökologische Katastrophe, in: Entwicklung und Zusammenarbeit, 1986, No. 5, S. 8–10; Lloyd Timberlake, Die Umwelt-Krise überlebt Baby Doc, ebd., S. 10 f.

14 Vgl. Römpczyk, Internationale Umweltpolitik, S. 23.

15 Vgl. Gerd Kohlhepp, Probleme der Erschließung, Besiedlung und

wirtschaftlichen Entwicklung Amazoniens, in: Staden-Jahrbuch (São Paulo), Vol. 29, 1981, S. 73–90; ders., Gefahren für den tropischen Regenwald, in: Das Parlament, No. 34, 25. 8. 1984, S. 15 f.; Floresta e clima, uma pesquisa na Amazônia (Urwald und Klima, eine Untersuchung im Amazonasgebiet), in: O Estado de São Paulo (ESP), 7. 9. 1984; Der Druck auf die Lunge der Welt, in: SZ, 12./13. 4. 1986, S. 3.

16 Vgl. Verde empacotado (Das grüne Regierungspaket), in: Istoé, 10. 9. 1986.

17 H. C. F. Mansilla, Nationale Identität, gesellschaftliche Wahrnehmung natürlicher Ressourcen und ökologische Probleme in Bolivien, München 1984, S. 139–141.

18 Auch wenn es sich nicht um eine ausgesprochene und beabsichtigte Umweltkriegführung handelt. Vgl. Ulrich Albrecht, Weltweite Rüstung als Problem der internationalen Umweltpolitik, in: Mayer-Tasch, Die Luft hat keine Grenzen, S. 257–270.

19 Vgl. UNEP (Hrsg.), Zur Lage der Umwelt 1986, zit. in Sauberes Wasser als Menschenrecht, in: SZ, 25./26. 10. 1986, S. 12.

20 Angesichts dieser Situation war es sinnvoll, die Wasserversorgung zu einer Priorität der Entwicklungshilfe zu machen. Vgl. Y. Rovani, Das Problem der Wasserversorgung und Abfallbeseitigung, in: Finanzierung und Entwicklung, März 1979, S. 14–18. Es konnte nicht festgestellt werden, ob sich die Situation seither global gebessert hat, weil neuere Daten nicht verfügbar waren. Zahlreiche Meldungen über einzelne Regionen sprechen eher dagegen. In Karachi (Pakistan) fehlen z. B. nach Angabe des Bürgermeisters (1986) täglich 230 Mio. Liter; „Wenn überhaupt Wasser aus den verrosteten Rohren tropft, dann ist es so mangelhaft geklärt, daß die Benutzer davon krank werden. Durchfall und Amöbenruhr grassieren in den Slums. Gesund bleibt in Karachi nur, wer sich einen eigenen Wassertank im Garten leisten kann, der für teures Geld aus Tanklastwagen regelmäßig aufgefüllt wird" (Ein brodelnder Kessel des Aufruhrs, in: SZ, 21. 11. 1986, S. 3). Ähnliche Informationen liegen aus vielen Regionen – besonders aus den Großstädten – der Dritten Welt vor.

21 Insgesamt gesehen entfallen auf die Dritte Welt ca. 15% des Weltenergieverbrauchs. Vgl. Welt-Energieverbrauch 1985, in: SZ, 10. 10. 1986, S. 27.

22 Vgl. M. N. Buch, Crisis in Urban Ecosystems and the Lessons of Bhopal, in: J. Bandyopadhyay / N. D. Jayal / U. Schoettli / Chhatrapati Singh (Hrsg.), India's Environment. Crisis and Responses, Dehra Dun 1985, S. 131–144.

23 Vgl. Uwe Lahl / Barbara Zeschmar, Die große Verschiebung – der internationale Giftmüllverkehr, in: Mayer-Tasch, Die Luft hat keine Grenzen, S. 184–204.

24 Als Illustration hierfür können zahlreiche Beispiele aus Brasilien dienen, die in Heft 1/86 des Brasilien-Dialogs (Mettingen) zum Thema „Chemie- und Pharmaindustrie in Brasilien" zusammengestellt sind.

25 Vgl. Taylor, Das Selbstmordprogramm, S. 143 ff.

26 Auf einer Ökologie-Tagung der Arbeitsgemeinschaft Deutsche Lateinamerika-Forschung (ADLAF) in Zusammenarbeit mit dem Max-Planck-Institut für Limnologie in Plön und dem Geographischen Institut der Universität Tübingen (Tübingen, 28.–30.6. 1986) erklärte einer der Teilnehmer in bezug auf die Schadstoffbelastung der Lebensmittel in Mexico, sie sei „so hoch, daß man sich fast nicht traut, sie zu messen".

27 Vgl. Buch, Crisis in Urban Ecosystems, S. 135.

28 Vgl. Müll-Leben, in: Die Zeit, 10.10. 1986, S. 2.

29 Vgl. Eine Glocke aus Gift über Mexiko-Stadt, in: Frankfurter Rundschau (FR), 7.2. 1986, S. 13.

30 Vgl. Vicente Sanchez / Margarita Castillejos, Luftverschmutzung und Luftreinhaltepolitik in Mexico-Stadt, in: Robert Goodland u. a., Umweltpolitik in der Dritten Welt, Aus Politik und Zeitgeschichte, Beilage zur Zeitschrift „Das Parlament", No. B 33–34, 17.8. 1985, S. 25–31.

31 Vgl. Eine Glocke aus Gift über Mexiko-Stadt, in: FR, 7.2. 1986, S. 13.

32 Vgl. L'hyperville, in: Le Monde (LM), 30./31.12. 1984, S. VIII–IX; Ruben Gazzoli, Die Umweltprobleme in Lateinamerika – Eine Annäherung, in: Achim Schrader / Heinz Schlüter (Hrsg.), Ökologie-Diskussion in Lateinamerika, Münster 1986, S. 215–248 (219 und 225).

33 Es wird u. a. von einer Häufung von „Anencefalia" berichtet, d. h. von der Geburt von Kindern ohne Gehirn. Vgl. Anencefalia preocupa no Paraná (in Paraná ist man über Anencefalia besorgt), in: ESP, 12.2. 1985, S. 56; Reparação de um crime em Cubatão (Wiedergutmachung eines Verbrechens in Cubatão), in: ESP, 31.1. 1985, S. 3; Vale da morte (Tal des Todes), in: Istoé, 7.3. 1984.

34 Vgl. Some Smell a Disaster in Brazil Industry Zone, in: The New York Times (NYT), 18.5. 1985.

35 Die Tabelle ist im Original mit folgender Anmerkung versehen: „Die Vergleichbarkeit der Daten ist nur beschränkt möglich und die Einordnung einzelner Städte in eine Reihenfolge von Umweltqualität nicht gesichert, da unterschiedliche Meßverfahren angewendet wurden, die nicht standardisiert sind, und die einzelnen Standorte der Messungen aus der Literatur nicht zu ersehen sind".

36 Die Anmerkung zu dieser Karte im Original lautet: „Die Umweltverschmutzung hat erst begonnen: Im Jahr 2025, in nur 40 Jahren, wird es nach Berechnungen der Vereinten Nationen 25 Städte geben, die mehr als zehn Millionen Einwohner haben. Das Schaubild zeigt, wo sie liegen und wieviel Menschen schätzungsweise in ihnen wohnen werden. Die Weltbevölkerung wird dann über acht Milliarden betragen, von denen nicht einmal ein Fünftel in den Industrieländern lebt".

37 Vgl. En estado de emergencia ambiental varias capitales latinoamericanas (Umweltnotstand in verschiedenen lateinamerikanischen

Hauptstädten), in: El Día, 30.8. 1986; Caracas está próxima a un colapso (Caracas ist einem Kollaps nahe), in: El Diario de Caracas, 27.4. 1985.

38 Mitscherlich, Die Unwirtlichkeit unserer Städte, S.30.

39 Vgl. Öl-Gift, in: Die Zeit, 10.10. 1986, S.2.

40 Vgl. A poluição esvazia a piracema (Artenschwund durch Umweltverschmutzung im Piracema-Gebiet), in: ESP, 7.12. 1984, S.34.

41 Vgl. Sem os peixes para comer, já há fome nas margens do S. Francisco (Hunger im Gebiet des São-Francisco-Flusses aufgrund von Fischsterben), in: ESP, 20.3. 1984.

42 Vgl. Council on Environmental Quality / Department of State, The Global 2000 Report, S.35; Taylor, Das Selbstmordprogramm, S.100ff.; C.S. Gopinadha Pillai, Ecological Crisis in Coastal and Marine Habitats, in: Bandyopadhyay u.a. (Hrsg.), India's Environment, S.120–130.

43 Vgl. Bernd Rüster, Freiheit der Meere – auch zur Verschmutzung?, in: Mayer-Tasch, Die Luft hat keine Grenzen, S.29–42 (30). Vgl. Poluição nas praias, Ilhabela faz protesto (Ilhabela protestiert gegen die Verschmutzung der Strände), in ESP, 17.11. 1984, S.34.

44 Vgl. Las incineraciones oceánicas de desechos ponen en peligro la ecología del Continente (Die Müllverbrennungen auf offener See bedrohen die Umwelt des Kontinents), in: El Día, 23.7. 1984.

45 Vgl. Rüster, Freiheit der Meere.

46 Vgl. Gruhl, Ein Planet, S.88.

47 Vgl. Council on Environmental Quality / Department of State, The Global 2000 Report, S.33.

48 Vgl. Die Wüsten Asiens werden größer, in: SZ, 30.10. 1986, S.59.

49 Vgl. As terras mortas (Die toten Landstriche), in: Istoé, 7.8. 1985.

50 Vgl. Afrika steuert auf neue Hungersnot zu, in: SZ, 10.11. 1986, S.10.

51 „Wenn die Humusschicht zerstört wird, geht die Fruchtbarkeit des Bodens zurück, und er verliert die Fähigkeit, das Wasser zu halten, so daß die Verwüstung zunimmt. In Bangladesh, Pakistan und weiten Teilen Indiens führt die Befriedigung der Grundbedürfnisse einer wachsenden Bevölkerung zur Zerstörung der Äcker, Weiden, Wälder und Gewässer, von denen ihr Leben abhängt. Es würde Jahrzehnte, wenn nicht Jahrhunderte dauern, um diese Böden wiederherzustellen, und zwar nur dann, wenn der bestehende Bevölkerungsdruck nachgelassen hätte. Er nimmt jedoch nicht ab, sondern im Gegenteil zu" (Council on Environmental Quality / Department of State, The Global 2000 Report, S.41).

52 Vgl. Adilson D. Paschoal, Ökologische und ökonomische Last der industriell betriebenen Landwirtschaft in Brasilien, in: Lateinamerika – Analysen, Daten, Dokumentation, No.3, April 1985, S.15–26 (23).

53 Vgl. Gruhl, Ein Planet, S.73ff. Beispiele für die negative Energiebilanz der modernen Landwirtschaft sind die Monokulturen im Bundes-

staat São Paulo (Brasilien), vgl. Paschoal, Ökologische und ökonomische Last, S. 16.

54 In vielen Regionen der Dritten Welt erreicht der Einsatz landwirtschaftlicher Chemikalien das Niveau der Industrienationen. Im Süden und Südosten Brasiliens beträgt der jährliche Pestizidverbrauch z. B. mehr als 5 kg je Hektar, ein Wert der ungefähr auch in England erreicht wird. Vgl. Paschoal, Ökologische und ökonomische Last, S. 23. Hierbei ist zu erwähnen, daß in vielen Drittwelt-Staaten Chemikalien eingesetzt werden, die in den Industrienationen aufgrund ihrer Toxizität und Langzeitwirkung verboten sind. Darüber hinaus ist der Umgang mit derartigen Substanzen in der Regel ziemlich sorglos.

III. Kapitel

1 „Ökonomie für sich allein betreiben, heißt heute, eine Politik der verbrannten Erde, des Terracids in Kauf zu nehmen" (Gruhl, Ein Planet, S. 136); „Wenn so weiter gewirtschaftet wird wie bisher, dann werden die Naturgesetze die Arbeit besorgen und die Menschen durch eine Kette von Katastrophen zur Anpassung zwingen" (ebd., S. 258); vgl. auch Harborth, Ökologiedebatte, S. 41.

2 Der Autor des bekannten Buchs „Small is Beautiful", E. F. Schumacher, schreibt: „Wirtschaftswissenschaft saugt die gesamte Ethik auf und bekommt Vorrang vor allen anderen menschlichen Erwägungen" (Schumacher, Small is Beautiful: Die Rückkehr zum menschlichen Maß, Reinbek 1977, S. 62). John Mohawk, ein Philosoph vom Stamm der Irokesen, stellt fest: „Was Euch fehlt, Eurer Kultur, Eurer Zivilisation, das ist eine natürliche Bindung zu allem nichtmenschlichen Leben. Euch fehlt was wir unter Spiritualität verstehen. Ihr seid durchaus zu nichtmenschlichen Bindungen fähig – nur zu den falschen Dingen" (z. B. in bezug auf materiellen Besitz und Loyalität zum Staat; d. V.) (John Mohawk, Botschaft an die Europäer. Wacht auf, die Technik wird Euch nicht retten, in: Natur, No. 8, August 1985, S. 20–29 [27]).

3 Schumacher hält es für keinen „Zufall, daß erfolgreiche Geschäftsleute oft erstaunlich unkultiviert sind" (Schumacher, Small is Beautiful, S. 230).

4 ebd., S. 39.

5 Bislang gibt es nur wenige Ansätze für eine wissenschaftliche „Umweltökonomik". Vgl. dazu Richard W. England, Production, Distribution, and Environmental Quality: Mr. Sraffa Reinterpreted as an Ecologist, in: Kyklos, Vol. 39, 1986, S. 230–244; Jürgen Kunze, Umweltschutz-Investitionen und Wirtschaftswachstum, in: Beiträge zur Umweltgestaltung, Heft A 28, 1975; vgl. auch die dort angegebene Literatur; Dieter Cansier, Ökonomische Grundprobleme der Umweltpolitik, in: Beiträge zur Umweltgestaltung, Heft A 43, 1975. Entspre-

chend gibt es erste Versuche, ökologische Schäden finanziell zu bestimmen und sie in wirtschaftlichen Kalkulationen zu berücksichtigen („ökologische Marktwirtschaft"); so wurde z.B. für die Bundesrepublik Deutschland geschätzt, daß die tatsächlich getätigten Umweltschutzkosten plus die tatsächlich getätigten Folgekosten von Umweltschäden heute schon jährlich 150 Milliarden Mark, also rund 10% des Bruttosozialprodukts betragen. Vgl. Ökologische Schadensbilanz, in: SZ, 4.11. 1986, S.35; Lutz Wicke, Die ökologischen Milliarden – Das kostet die zerstörte Umwelt – so können wir sie retten, München 1986.

6 Vgl. Nicolo Gligo, in: Achim Schrader / Heinz Schlüter (Hrsg.), Ökologie-Diskussion in Lateinamerika, Münster 1986, S.101; Gruhl, Ein Planet, S.123.

7 Ökologie-Tagung der Arbeitsgemeinschaft Deutsche Lateinamerika-Forschung (ADLAF) in Zusammenarbeit mit dem Max-Planck-Institut für Limnologie in Plön und dem Geographischen Institut der Universität Tübingen (Tübingen, 28.–30.6. 1986).

8 „Die Bereitschaft der Menschen, zur Vermeidung zukünftiger Nachteile auf aktuelle Vorteile zu verzichten, ist in fataler Weise unterentwickelt" (von Ditfurth, So laßt uns denn ein Apfelbäumchen pflanzen, S.233).

9 ebd., S.229.

10 Schumacher spricht von der „nahezu umfassenden Vergötterung des Gigantischen" (Schumacher, Small is Beautiful, S.59).

11 Vgl. Council on Environmental Quality / Department of State, The Global 2000 Report, S.1f.

12 ebd., S.9.

13 Vgl. Kap.I., Tab.2.

14 Gligo, in: Schrader/Schlüter, Ökologie-Diskussion, S.74.

15 Vgl. Mansilla, Nationale Identität, S.9–27. Diesbezüglich ist auch die Sprache aufschlußreich, z.B.: „conquista da Amazônia" (Eroberung des Amazonasgebiets), „frente da civilização" (Zivilisationsfront), „pioneiros" (Pioniere), „valorização dos recursos florestais" (Inwertsetzung der Waldressourcen) u.ä.

16 Vgl. Manfred Wöhlcke, Abhängige Industrialisierung und sozialer Wandel, München 1981, S.61–114.

17 In der Entwicklungstheorie wird diesbezüglich „rückständig" von „unterentwickelt" unterschieden. Hier ist „rückständig" gemeint, d.h. eine niedrige Stufe der Entwicklung ohne wesentliche Beeinflussung durch die nationalen und internationalen Entwicklungspole.

18 Mansilla, Nationale Identität, S.24.

19 Vgl. Römpczyk, Internationale Umweltpolitik, S.23.

20 Die Mittel für den Umweltschutz sind derart knapp, daß einige Länder nicht einmal die Unterhaltung ihrer eigenen Naturreservate finanzieren können (z.B. die Serengeti).

21 Vgl. Römpczyk, Internationale Umweltpolitik, S. 23.

22 Vgl. Alexander Luzardo, in: Schrader/Schlüter, Ökologie-Diskussion, S. 145.

23 Vgl. Ditfurth, So laßt uns denn ein Apfelbäumchen pflanzen, S. 257.

24 Vgl. Taylor, Das Selbstmordprogramm, S. 230.

25 Vgl. Buch, Crisis in Urban Ecosystems, S. 137; Katrin Gillwald Psychische und soziale Auswirkungen mäßiger Umweltqualität, in: Aus Politik und Zeitgeschichte, B 42/83, 22.10. 1983, S. 25–33.

26 Mitscherlich, Die Unwirtlichkeit unserer Städte, S. 24 f.

27 Vgl. Taylor, Das Selbstmordprogramm, S. 237 und 287.

28 Ein relativ neues Phänomen in diesem Zusammenhang sind die sogenannten „Umweltflüchtlinge".

29 Vgl. Ein brodelnder Kessel des Aufruhrs, in: SZ, 21.11. 1986, S. 3.

30 Diesbezüglich läßt es z. B. aufhorchen, wenn von offizieller Seite ressourcenreiche Regionen der Dritten Welt – etwa der Persische Golf – als vital für die „westliche Sicherheit" – d. h. im Klartext: Für die Sicherheit der westlichen Industrienationen – deklariert werden.

IV. Kapitel

1 Vgl. Schumacher, Die Rückkehr zum menschlichen Maß, Reinbek 1977.

2 Im Original lautet die Überschrift: „The Political Ecology of Developing Countries".

3 Vgl. Volkmar J. Hartje, Umweltprobleme in der Dritten Welt. Was kann der Norden tun?, in: Aus Politik und Zeitgeschichte, Beilage zur Zeitschrift „Das Parlament", No. B 33–34, 17.8. 1985, S. 33–35 (33).

4 Vgl. Jörg Freiberg / Wolfgang Hein / Thomas Hurtienne / Theo Mutter (Hrsg.), Drei Welten – eine Umwelt. Materialien einer Tagung über Ökologie und Dritte Welt, Saarbrücken 1984, S. 258. In der Vorbemerkung wurde bereits erwähnt, daß sich die Drittwelt-Staaten im Hinblick auf die Sensibilität gegenüber Umweltproblemen voneinander unterscheiden; in den letzten Jahren wurde China wiederholt als vergleichsweise positiv hervorgehoben; ebd., S. 16; vgl. auch William Ophuls, Ecological Scarcity and International Politics, in: Richard Falk / Samuel S. Kim / Saul H. Mendlovitz (Hrsg.), Toward a Just World Order, Boulder/Col. 1982, S. 467–483 (472).

5 Vgl. Römpczyk, Internationale Umweltpolitik, S. 13–15.

6 ebd., S. 11.

7 Vgl. Jean-Pierre Diehl, The Environment and the Towns of the Third World, in: The Courier, No. 87, Sept./Okt. 1984, S. 78–80 (80).

8 Die wichtigsten Merkmale von „Ecofarming" sind: „cycling ecology, biological erosion control, mixed cultivation and crop rotation, mulching and composting, reduced weeding". Die Vorteile von „Ecofarm-

ing" im Gegensatz zu „Technofarming" (etwa im Stil der „Grünen Revolution") sind: „(it) saves or conserves energy, (it) is less capital intensive, but more labor intensive" (Glaeser, Ecodevelopment, S.2, 15, 55); vgl. auch Römpczyk, Internationale Umweltpolitik, S.20.

9 Vgl. Freiberg u.a., Drei Welten – eine Umwelt, S.34f.

10 Entnommen aus: Römpczyk, Internationale Umweltpolitik, S.5. Eine ausführliche Übersicht über die internationalen Umweltprogramme in den ersten Jahren ihrer Entwicklung (1971–75) findet sich in: Marija G.von Lishout, Internationale Umweltprogramme, in: Beiträge zur Umweltgestaltung, Heft A 44, 1976.

11 Vgl. Römpczyk, Internationale Umweltpolitik, S.5; Ophuls, Ecological Scarcity, S.478.

12 Römpczyk, Internationale Umweltpolitik, S.7. In der Selbstdarstellung des UNEP wird dessen wichtige Rolle bei der Verabschiedung mehrerer Programme zwar zu Recht hervorgehoben, aber es wird nur selten zugegeben, daß diese Programme für den Umwelt- und Ressourcenschutz bislang so gut wie wirkungslos waren: „I believe UNEP has played a particularly important part in stimulating environmental awareness in government circles. It is satisfying, for example, to see the rapid increase in the number of environmental government ministries in recent years; the explosion in national environmental legislation; the measures now being taken by nearly 40 governments to implement the World Conservation Strategy; and the willingness of governments to participate in international treaties protecting the environment, our Regional Seas Programme, INFOterra, our Global Environment Monitoring System (GEMS) and the International Register of Potentially Toxis Chemicals (IRPTC)" (Tolba, Excessive Demands, S.62).

13 Vgl. Römpczyk, Internationale Umweltpolitik, S.7. Zu den Bedingungen für eine verstärkte „Umwelt-Außenpolitik" vgl. Volker Prittwitz, Umwelt und Außenpolitik, in: Aus Politik und Zeitgeschichte, B 42/83, S.13–24.

14 Mayer-Tasch, Die Luft hat keine Grenzen, S.9. Zum internationalen Umweltrecht vgl. Robert Muecke, Multilaterale Verträge, Berlin 1986 (Loseblattsammlung); Wolfgang E.Burhenne (Hrsg.), Umweltrecht der Europäischen Gemeinschaften, Berlin 1986 (Loseblattsammlung).

15 Der Nettokapitaltransfer von den Industrienationen in die Dritte Welt entspricht weniger als 5% von deren Bruttoinlands-Produkt. Dieser Anteil wird häufig überschätzt, weil er sich auf die modernen Wirtschaftssektoren konzentriert und eine gesamtwirtschaftlich dynamisierende Funktion hat.

16 Vgl. zum internationalen Schadstoffverkehr Luis Vitale, Hacia una historia del ambiente en America Latina, Mexico 1983, S.87–89.

17 Vgl. Hartje, Umweltprobleme in der Dritten Welt; ders., Umwelt- und Ressourcenschutz in der Entwicklungshilfe: Beihilfe zum Überleben?,

Frankfurt 1982; ders., Umwelt- und Ressourcenschutz durch Entwicklungshilfe? Die bilaterale Zusammenarbeit der Bundesrepublik Deutschland, in: Zeitschrift für Umweltpolitik No. 4, 1982.

18 Vgl. der Bundesminister für Wirtschaftliche Zusammenarbeit, Informationsvermerk für den Bundesausschuß für Wirtschaftliche Zusammenarbeit, No. 27, 13.9. 1978, S. 3.

19 Vgl. Hartje, Umwelt- und Ressourcenschutz in der Entwicklungshilfe, S. 108.

20 ebd., S. 38.

V. Kapitel

1 Richard von Weizsäcker, Der Rang der Umwelt und Natur im Gefüge unserer Wertordnung. Ansprache des Bundespräsidenten vor der Arbeitsgemeinschaft für Umweltfragen, in: Presse- und Informationsamt der Bundesregierung (Hrsg.), Bulletin, No. 122, 9.10. 1986, S. 1025–1032 (1029). Vgl. auch folgende Aussage: „Die wünschenswerte Entwicklung muß drei Forderungen erfüllen: Wissenschaftliche Wirklichkeitsnähe, Beachtung ethischer Grundsätze und Berücksichtigung des langfristigen Eigeninteresses" (World Resource Institute [Hrsg.], The Global Possible, S. 11).

2 Vgl. Wissenschaftler wollen nuklearen Winter simulieren, in: SZ, 5.12. 1986, S. 11.

3 Thea Bauriedl, Die Wiederkehr des Verdrängten. Psychoanalyse, Politik und der Einzelne, München/Zürich 1986, S. 98–108.

4 Wenn ökonomische Interessen erst einmal zum Motor der gesellschaftlichen Entwicklung geworden sind, ist es äußerst schwierig, gegen sie eine ökologisch effiziente Umwelt- und Ressourcenpolitik durchzusetzen. Meistens paßt sich das ökonomische System erst dann an ökologische Motivationen an, wenn diese ökonomisch relevant – d. h. „marktkonform" – werden (z. B. phosphatfreie Waschmittel).

5 Schumacher, Small ist Beautiful, S. 52.

6 Schumacher spricht in diesem Zusammenhang von einer „kopflosen Flucht nach vorn" (ebd., S. 141).

7 „Unsere Gesellschaft gleicht einem Menschen, der ahnungslos in einem Minenfeld umherirrt und sich dabei um seine Altersrente Sorgen macht" (von Ditfurth, So laßt uns denn ein Apfelbäumchen pflanzen, S. 9).

8 „. . . es ist offensichtlich recht unklug, den Menschen große Macht zu verleihen, ohne sicherzustellen, daß sie eine vernünftige Vorstellung davon haben, was mit dieser Macht zu geschehen hat" (Schumacher, Small is Beautiful, S. 74).

9 Diese eigenartige Irrationalität der modernen Zivilisation ist für traditionale Stammesvölker schwer verständlich: „Der Westen (= die mo-

derne Zivilisation; d. V.) ist irrational. Er folgt einer lebensfeindlichen und irrationalen Ideologie. Innerhalb dieser Ideologie finden sich keine Lösungen ... Die weiße Welt steht auf dem Kopf. Eure Kultur ist gefährlich. Ihr seid unfähig, klar zu denken ... Eure Wissenschaftler werden Euch nicht helfen können. Die Antworten auf Eure Probleme befinden sich in den Händen der letzten Stammesvölker der Erde" (Mohawk, Botschaft an die Europäer, S. 29).

3. Literaturhinweise

a. Dokumente und Materialien

Ausländisches Umweltrecht I. Beiträge zur Umweltgestaltung A 3, Berlin 1972

Ausländisches Umweltrecht II. Beiträge zur Umweltgestaltung A 12, Berlin 1973

Ausländisches Umweltrecht IV. Beiträge zur Umweltgestaltung A 38, Berlin 1975

Ausländisches Umweltrecht V. Beiträge zur Umweltgestaltung A 61, Berlin 1977

Commission of the European Communities (Hrsg.), Convention on International Trade in Endangered Species of Wild Fauna and Flora, Luxemburg 1986

Committee on the Atmospheric Effects of Nuclear Explosions (Hrsg.), The Effects on the Atmosphere of a Major Nuclear Exchange, Washington 1985

Council on Environmental Quality / Department of State (Hrsg.), The Global 2000 Report to the President, Washington 1980 (2 Bände)

Der Weg ins 21. Jahrhundert. Alternative Strategien für die Industriegesellschaft. Berichte an den Club of Rome, München 1983

Deutsche UNESCO Kommission (Hrsg.), Der Mensch und die Biosphäre. Bericht über ein internationales Symposium der Deutschen UNESCO-Kommission und der Bundesanstalt für Vegetationskunde, Naturschutz und Landschaftspflege, 14.–19. Juni 1971 in Bonn-Bad Godesberg, Bonn 1974

Geoscientific Studies and the Potential of the Natural Environment. Report of an International Training Seminar, organized by the German Commission for UNESCO in cooperation with the Carl-Duisberg-Gesellschaft and the Bundesanstalt für Geowissenschaften und Rohstoffe, Hannover, 28. April – 23. Mai 1975, Bonn 1975

European Council of Environmental Law (Hrsg.), Resolutions 1975–1981, in: Beiträge zur Umweltgestaltung A 75, Berlin 1981

Fonds für Umweltstudien e.V. (Hrsg.), Umwelt – weltweit. Berichte des Umweltprogramms der Vereinten Nationen (UNEP) 1972–1982, in: Beiträge zur Umweltgestaltung A 88, Berlin 1983

Gour-Tanguay, Raymonde (Hrsg.), Environmental Policies in Developing Countries, in: Beiträge zur Umweltgestaltung A 27, Berlin 1977

Holst, Johan Joergen, Conflict and Environmental Degration. Introduction to a Seminar Arranged by „Earthscan" in Connection with the Third Regular Meeting of the World Commission on Environment and Development at Sandvika, Oslo 1985

Internationale Maßnahmen – Ihre Durchführung und Problematik. Bericht über die Dritte Internationale Parlamentarierkonferenz zu Umweltfragen, in: Beiträge zur Umweltgestaltung A 29, Berlin 1975

International Union for the Conservation of Nature (Hrsg.), World Conservation Strategy, Gland 1980

Johnston, Douglas M., The Environmental Law of the Sea, in: Beiträge zur Umweltgestaltung A 79, Berlin 1981

Kommission der Europäischen Gemeinschaften (Hrsg.), Berücksichtigung des „Umwelt"-Aspekts in der Entwicklungspolitik der Gemeinschaft, Brüssel 1984

Lausche, Barbara J., UNEP Environmental Law. In – Depth Review 1981, in: Beiträge zur Umweltgestaltung A 81, Berlin 1982

Lieshout, Marija G. van, Internationale Umweltprogramme. Übersicht der behandelten Themen, in: Beiträge zur Umweltgestaltung A 44, Berlin 1977

Meadows, Dennis u.a., Die Grenzen des Wachstums. Bericht des Club of Rome zur Lage der Menschheit, Stuttgart 1972

Mohawk, John, Botschaft an die Europäer. Wacht auf, die Technik wird Euch nicht retten, in: Natur, No. 8, August 1985, S. 20–29

Organization for Economic Cooperation and Development (OECD) (Hrsg.), Economic and Ecological Interdependence. A Report on Selected Environment and Ressource Issues, Paris 1982

Stockholm International Peace Research Institute (SIPRI) (Hrsg.), Herbicides in War. The Long-term Ecological and Human Consequences, London 1984

Environmental Warfare. A Technical, Legal and Policy Appraisal, London 1984

Subcommittee on International Economic Policy and Trade (Hrsg.), Hazardous Product Exports. Hearings Before the Subcommittee on International Economic Policy and Trade of the Committee on Foreign Affairs, House, 97. Congress, 1. Session, March 12, 1981, Washington 1982

(Hrsg.), Global Trends in Population and Resources. Hearings Before the Subcommittee on International Economic Policy of the Committee on Foreign Relations, United States, Senate, 97. Congress, 2. Session, June 23, 1982, Washington 1982

Trends in Environmental Policy and Law, in: Beiträge zur Umweltgestaltung A 79, Berlin 1980
Umweltpolitik der Entwicklungsländer – Position in Verbindung mit der UN-Umweltkonferenz, in: Beiträge zur Umweltgestaltung A 27, Berlin 1977
Verband der chemischen Industrie e.V. (Hrsg.), Chemie und Umwelt – Boden, Frankfurt 1986
Vorschläge aus den USA für Internationale Maßnahmen. Bodenerhaltung, Aufklärung und Ausbildung, Genetik, Wirtschaftswachstum, Informationssysteme, Immissionsstandards, Meeresverschmutzung, weltweite Überwachung, Forschung, Entwicklung, Analyse, Welt-Vermächtnistrust, in: Beiträge zur Umweltgestaltung A 6, Berlin 1972
Wir sind ein Teil dieser Erde. Die Rede des Häuptlings Seattle vor dem Präsidenten der Vereinigten Staaten von Amerika im Jahre 1855, Olten/Freiburg 1982
World Resource Institute (Hrsg.), The Global Possible. Resources, Development, and The New Century, Washington 1984

b. Monographien und Aufsätze

Albrecht, Dieter, Notwendigkeit und Bedingungen einer ökologisch orientierten Landnutzung in Entwicklungsländern, Frankfurt 1983
Amery, Carl, Natur als Politik. Die ökologische Chance des Menschen, Reinbek 1976
Arnold, Volker, Umweltschutz als international öffentliches Gut: Komparative Kostenvorteile und Verhandlungsgewinne, in: Zeitschrift für Wirtschafts- und Sozialwissenschaften, Vol. 104, No. 2 (1984), S. 111–129
Bandyopadhyay, J. / Jayal, N.D. / Schoettli, U. / Singh, Chhatrapati (Hrsg.), India's Environment. Crisis and Responses, Dehra Dun 1985
Bartjes, Stephan / Krysmanski, Renate / Wiengarn, Rudi, Militarisierung der Umwelt. Ökologische, raum- und kommunalpolitische Folgen der Aufrüstung, in: Blätter für Deutsche und Internationale Politik, Vol. 25, No. 12 (Dezember 1980), S. 1444–1460
Bechmann, Arnim, „Global Future" – Weist das Handlungsprogramm zu „Global 2000" einen Weg in die Zukunft?, in: Blätter für Deutsche und Internationale Politik, Vol. 27, No. 2 (Februar 1982), S. 207–222
Blaney, Harry C., Global Challenges. A World at Risk, New York 1979
Brookfield, H.C., Development and the Environmental: Politics, Production and Pollution, in: Pacific Affairs, Vol. 53, No. 4 (Winter 1980–81), S. 661–681
Buch, M.N., Crisis in Urban Ecosystems and the Lessons of Bhopal, in: J. Bandyopadhyay / N.D. Jayal / U. Schoettli / Chhatrapati Singh

(Hrsg.), India's Environment. Crisis and Responses, Dehra Dun 1985, S. 131–144
Cansier, Dieter, Ökonomische Grundprobleme der Umweltpolitik, in: Beiträge zur Umweltgestaltung, A 43, Berlin 1975
Cliffe, Lionel / Moorsom, Richard, Rural Class Formation and Ecological Collapse in Botswana, in: Review of African Political Economy, No. 15/16, Mai–Dezember 1979, S. 35–52
Dicke, Klaus, Mensch, Umwelt und Natur. Zur Prinzipienbildung des Umweltschutzes im Rahmen der Vereinten Nationen, in: Vereinte Nationen, Vol. 33, No. 2 (April 1985), S. 59–62
Diehl, Jean-Pierre, The Environment and the Towns of the Third World, in: The Courier, No. 87, Sept./Okt. 1984, S. 78–80
Ditfurth, Hoimar von, So laßt uns denn ein Apfelbäumchen pflanzen. Es ist soweit, Hamburg/Zürich 1985
Dorm-Adzobu, Clement, The Upsurge of Environmental Consciousness in Africa: Timely or Belated?, in: Vierteljahresberichte der Friedrich-Ebert-Stiftung, No. 79, März 1980, S. 103–111
Ehrke, Michael u. a. (Hrsg.), Fortschritt der Destruktivkräfte – Ökologische Krise und Gegenwehr, Hamburg 1983
Eppler, Erhard, Ein Alternativszenarium zur Energiepolitik, in: Die neue Gesellschaft, Vol. 26, No. 9 (September 1979), S. 796–804
Auswirkungen technischer Innovationen auf die Lebensqualität, in: Winfried Schlaffke / Otto Vogel (Hrsg.), Industriegesellschaft und technologische Herausforderung, Köln 1981, S. 295–301
Frieden – Ökologie – Entwicklung, in: Deutsches Übersee-Institut (Hrsg.), Jahrbuch Dritte Welt 1, München 1983, S. 20–29
Farvar, M. T. / Milton, J. P. (Hrsg.), The Careless Technology – Ecology and International Development, New York 1972
Feder, Ernest, Strawberry Imperialism, Den Haag 1977
Forje, John W., The Misuse, Destruction, and Exhaustion of Natural Resources in Africa, in: Alternatives, Vol. 10, No. 4 (1985), S. 565–579
Freiberg, Jörg / Hein, Wolfgang / Hurtienne, Thomas / Mutter, Theo (Hrsg.), Drei Welten – eine Umwelt. Materialien einer Tagung über Ökologie und Dritte Welt, Saarbrücken 1984
Gildenberger, Carlos Alberto, Desarrollo y calidad de vida, in: Revista Argentina de Relaciones Internacionales, Vol. 4, No. 12 (September–Dezember 1978), S. 41–53
Gillwald, Katrin, Psychische und soziale Auswirkungen mäßiger Umweltqualität, in: Aus Politik und Zeitgeschichte, B 42/83, 22. 10. 1983, S. 25–33
Glaeser, Bernhard, Ökonomische Konsequenzen ökologisch orientierter Landwirtschaft in Ostafrika, in: Harmut Elsenhans (Hrsg.), Agrarreform in der Dritten Welt, Frankfurt/M. 1979, S. 255–274
(Hrsg.), Ecodevelopment – Concepts, Projects, Strategies, Oxford/New York 1984

Gligo Viel, Nicolo / Morello, Jorge, Notas sobre la historia ecologica de America Latina, in: Estudios Internacionales, Vol. 13, No. 49 (Januar–März 1980), S. 112–148

Goodland, Robert u. a., Umweltpolitik in der Dritten Welt, in: Aus Politik und Zeitgeschichte, Beilage zur Zeitschrift „Das Parlament", No. B 33–34, 17. August 1985

Gruhl, Herbert, Ein Planet wird geplündert, Frankfurt 1975

Grün, Josef / Wiener, Detlev, Global denken, vor Ort handeln. Weltmodelle von Global 2000 bis Herman Kahn, Kontroversen über unsere Zukunft, Freiburg 1984

Guppy, Nicholas, Tropical Deforestation: A Global View, in: Foreign Affairs, Vol. 62, No. 4 (1984), S. 928–965

Harborth, Hans-Jürgen, Ökologiedebatte und Entwicklungstheorie, Berlin 1985

Hartje, Volkmar J., Umwelt- und Ressourcenschutz in der Entwicklungshilfe: Beihilfe zum Überleben?, Frankfurt/M. 1982

Umweltprobleme in der Dritten Welt. Was kann der Norden tun?, in: Aus Politik und Zeitgeschichte, Beilage zur Zeitschrift „Das Parlament", No. B 33–45, 17. August 1985

Zur Erhaltung genetischer Ressourcen, in: Zeitschrift für Wirtschafts- und Sozialwissenschaften, Vol. 106, No. 3 (1986), S. 229–252

Harwell, M. A., Nuclear Winter. The Human and Environmental Consequences of Nuclear War, New York 1984

Hauff, Volker / Müller, Michael, Umweltpolitik am Scheideweg. Die Industriegesellschaft zwischen Selbstzerstörung und Aussteigermentalität, München 1985

Hilpert, Ulrich, Ecology and Economy – Socio-economic Development in the Third World and the Problems of the Conservation of Natural Resources, in: Verfassung und Recht in Übersee, Vol. 18, 3. Quartal 1985, S. 355–370

Illich, Ivan, Fortschrittsmythen, Reinbek 1978

Kettle, John, Interview with Gerald Barney, Director of the US President's Global 2000 Study, in: Futures, Vol. 13, No. 6 (Dezember 1981), S. 508–513

Koch, Egmont R. / Vahrenholt, Fritz, Seveso ist überall. Die tödlichen Risiken der Chemie, Frankfurt 1980

Kothari, Rajni, Environment and Alternative Development, in: Alternatives, Vol. 5, No. 4 (Januar 1980), S. 427–475

Kunze, Jürgen, Umweltschutz-Investitionen und Wirtschaftswachstum, in: Beiträge zur Umweltgestaltung, A 28, Berlin 1975

Lee, James A., The Environment, Public Health, and Human Ecology. Considerations for Economic Development. Baltimore/London 1985

Lofchie, Michael F. / Commins, Stephen K., Food Deficits and Agricultural Policies in Tropical Africa, in: The Journal of Modern African Studies, Vol. 20, No. 1 (März 1982), S. 1–25

Loutfi, Martha F., Non-renewable Resources, Energy, and Environment, The Brandt Commission Papers, Genf 1981
Luxton, P., Environmental Issues and the Developing economies, in: Intereconomics, No. 10, 1976, S. 279–282
Mansilla, Huge C. F., La relación entre las metas de desarrollo y la problematica ecológica en Latino-America, in: Foro Internacional, Vol. 20, No. 2 (Oktober/Dezember 1979), S. 277–287
Nationale Identität, gesellschaftliche Wahrnehmung natürlicher Ressourcen und ökologische Probleme in Bolivien, München 1984
Matheson, Alistair, Africa's Fragile Environment. The Need for a Quantum Leap to Avoid Disaster, in: Africa Contemporary Record: Annual Survey and Documents 1982–1983, New York 1984
Mayer-Tasch, Peter Cornelius (Hrsg.), Die Luft hat keine Grenzen. Internationale Umweltpolitik: Fakten und Trends, Frankfurt 1986
Meissner, Werner, Entwicklung, Stand und Perspektiven der umweltökonomischen Forschung, in: Wirtschaftsdienst, Vol. 65, No. 7 (Juli 1985), S. 345–352
Meyer-Abich, Klaus Michael, Die Welt zum Blühen bringen, in: Süddeutsche Zeitung, 29./30. 3. 1986, S. 99
Energiepolitik im Frieden mit der Natur (Interview mit Martin Urban), in Süddeutsche Zeitung, 1. 7. 1986, S. 7
Mitscherlich, Alexander, Die Unwirtlichkeit unserer Städte – Anstiftung zum Unfrieden, Frankfurt 1967
Möller, Hans / Osterkamp, Rigmar / Schneider, Wolfgang, Umweltökonomik. Ein Überblick zur Einführung in die ökonomische Analyse von Umweltproblemen, Königstein/Ts. 1981
Novikov, Rem A., Problems of the Environment and the Role of the United Nations, in: The United Nations and the Future, Moskau 1976, S. 168–187
Onuf, Nicholas G., Reports to the Club of Rome, in: World Politics, Vol. 36, No. 1 (Oktober 1983), S. 121–146
Ophuls, William, Ecological Scarcity and International Politics, in: Richard Falk / Samuel S. Kim / Saul H. Mendlovitz (Hrsg.), Towards a Just World Order, Boulder, Col. 1982, S. 467–483
Paschoal, Adilson D., Ökologische und ökonomische Last der industriell betriebenen Landwirtschaft in Brasilien, in: Lateinamerika – Analysen, Daten, Dokumentation, No. 3, April 1985, S. 15–26
Pirages, Dennis C., The New Context for International Relations: Global Ecopolitics, North Scituate/Mass. 1978
The Origins of Ecopolitics, in: Richard Falk / Samuel S. Kim / Saul H. Mendlovitz (Hrsg.), Toward a Just World Order, Boulder, Col. 1982, S. 442–466
The Ecological Perspective and the Social Sciences, in: International Studies Quarterly, No. 27, 1983, S. 243–255

Prittwitz, Volker, Umwelt und Außenpolitik, in: Aus Politik und Zeitgeschichte, B 42/83, S. 13–24
Riddell, Robert, Ecodevelopment. Economics, Ecology and Devel opment. An Alternative to Growth Imperative Models, Farnborough 1981
Römpczyk, Elmar, Internationale Umweltpolitik als entwicklungspolitische Herausforderung. Forschungsinstitut der Friedrich-Ebert-Stiftung, Bonn 1986
Zeitbombe No. 2: Weltweite Umweltzerstörung, in: Vierteljahresberichte der Friedrich-Ebert-Stiftung, No. 105, September 1986, S. 347–355
Sachs, Ignacy, Stratégies de l'Ecodéveloppement, Paris 1980
Environment and Development Revisited: Ten Years After Stockholm Conference, in: Alternatives, Vol. 8, No. 3 (Winter 1982–1983), S. 369–378
Schädle, Werner, Umweltprobleme, in: Peter J. Opitz (Hrsg.), Die Dritte Welt in der Krise, München 1984, S. 208–226
Schrader, Achim / Schlüter, Heinz (Hrsg.), Ökologie-Diskussion in Lateinamerika, Münster 1986
Schumacher, E. F., Small is Beautiful. Die Rückkehr zum menschlichen Maß, Reinbek 1977
Shiva, Vandana, Ecology Movements in India, in: Alternatives, Vol. XI, No. 2 (1986), S. 255–273
Simonis, Udo Ernst, Ökonomie und Ökologie. Auswege aus einem Konflikt, Karlsruhe 1980
Developing Countries in the Environmental Crisis, in: Intereconomics, Vol. 19, No. 5 (September/Oktober 1984), S. 239–243
Sprout, Harold / Sprout, Margaret, Toward a Politics of the Planet Earth, New York 1971
Sunkel, Osvaldo, Development Styles and the Enviroment: an Interpretation of the Latin American Case, in: Heraldo Muñoz (Hrsg.), From Dependency to Development: Strategies to Overcome Underdevelopment and Inequality, Boulder, Col. 1981, S. 93–114
Taylor, Gordon Rattray, Das Selbstmordprogramm. Zukunft oder Untergang der Menschheit, Frankfurt 1973
Tolba, Mostafa, Excessive Demands on our Environment Cannot be Sustained for Very Long, in: The Courier, No. 87, September/Oktober 1984, S. 60–62
Tschiersch, J. E. / Egger, K. / Steiger, J. / Pfuhl, S., Ökologische Problembereiche und mögliche Handlungsansätze in Entwicklungsländern – Folgerungen für eine umweltbezogene Entwicklungspolitik, München 1984
Tuntawiroon, Nart, Environmental Impact of Industrialization in Thailand, in: Contemporary Southeast Asia, Vol. 4, No. 3 (Dezember 1982), S. 369–380

Vitale, Luis, Hacia una historia del ambiente en America Latina, Mexico 1983
Weimert, Winrich F. / Kress, Reinhold / Karpe, Hans-Jürgen, Umweltprobleme und nationale Umweltpolitiken in Entwicklungsländern, Köln 1981
Weizsäcker, Carl Friedrich von, Der Garten des Menschlichen: Beiträge zur geschichtlichen Anthropologie, München/Wien 1984 (1977)
Weizsäcker, Richard von, Der Rang der Umwelt und Natur im Gefüge unserer Wertordnung. Ansprache des Bundespräsidenten vor der Arbeitsgemeinschaft für Umweltfragen, in: Presse- und Informationsamt der Bundesregierung (Hrsg.), Bulletin No. 122, 9. 10. 1986, S. 1025–1032
Westing, Arthur H., Warfare in a Fragile World. Military Impact on the Human Environment, London 1980
Westing, Arthur H., The Environmental Aftermath of Warfare in Vietnam, in: Stockholm International Peace Research Institute (SIPRI) (Hrsg.), World Armaments and Disarmament, SIPRI Yearbook 1982, London 1982, S. 363–389
Wöhlcke, Manfred, Umwelt- und Ressourcenschutz als nationales und internationales Problem – Ein Diskussionsbeitrag zur politischen Ökologie der Dritten Welt, Ebenhausen 1986 (Stiftung Wissenschaft und Politik)
Wenn der letzte Schmetterling in den Zoo fliegt, in: DIE ZEIT, 5. 12. 1986, S. 36–39
Ökologische Aspekte der Unterentwicklung – Fakten, Tendenzen und Handlungsbedarf in bezug auf den Umwelt- und Ressourcenschutz in der Dritten Welt, Ebenhausen 1987 (Stiftung Wissenschaft und Politik)

Anzeigen

Probleme der Dritten Welt

Peter J. Opitz (Hrsg.)
Die Dritte Welt in der Krise
Grundprobleme der Entwicklungsländer
2., aktualisierte Auflage. 1985. 274 Seiten mit zahlreichen Abbildungen und Tabellen. Paperback
Beck'sche Reihe Band 285

Wolfgang S. Heinz
Menschenrechte in der Dritten Welt
1986. 158 Seiten. Paperback
Beck'sche Reihe Band 305

Peter von Blanckenburg
Welternährung
Gegenwartsprobleme und Strategien für die Zukunft
1986. 249 Seiten mit 15 Schaubildern und 27 Tabellen.
Paperback (Beck'sche Reihe Band 308)

Jahrbuch Dritte Welt
Daten – Übersichten – Analysen
Herausgegeben vom Deutschen Übersee-Institut Hamburg
1987. 234 Seiten mit Karten, Abbildungen und Tabellen. Paperback
(Beck'sche Reihe Band 327)
Das Jahrbuch Dritte Welt erscheint seit 1983. Sämtliche Bände sind noch lieferbar (Gesamtregister der bisher erschienenen Beiträge im Jahrbuch 1987)

Klemens Ludwig
Bedrohte Völker
Ein Lexikon nationaler und religiöser Minderheiten
1985. 174 Seiten mit 10 Abbildungen. Paperback.
Beck'sche Reihe Band 303

Verlag C.H. Beck München

Ökologie, Wirtschaft und Politik

Klaus Michael Meyer-Abich/Bertram Schefold
Die Grenzen der Atomwirtschaft
Die Zukunft von Energie, Wirtschaft und Gesellschaft
Mit einer Einleitung von Carl Friedrich von Weizsäcker
3., erweiterte Auflage. 1986. 231 Seiten mit 4 Abbildungen und 10 Tabellen. Broschiert

Rolf Bauerschmidt
Kernenergie oder Sonnenenergie
1985. 247 Seiten mit 20 Abbildungen und 29 Tabellen. Paperback. (Beck'sche Reihe Band 296)

Till Bastian
Nach den Bäumen stirbt der Mensch
Mit einem Fotoessay von Hartmut Ciesla-Andresen.
1987. Etwa 100 Seiten mit 11 Abbildungen.
Paperback (Beck'sche Reihe Band 330)

Franz-Josef Brüggemeier und Thomas Rommelspacher
Besiegte Natur
Geschichte der Umwelt im 19. und 20. Jahrhundert
1987. Etwa 190 Seiten. Paperback (Beck'sche Reihe Band 345)

Peter Cornelius Mayer-Tasch
Die verseuchte Landkarte
Das grenzen-lose Versagen der internationalen Umweltpolitik
1987. 142 Seiten. Paperback (Beck'sche Reihe Band 329)

Verlag C. H. Beck München